CBNU CORE 융복합총서 1

인공지능 시대의 인문학

이건명 · 박승억 · 박중목 · 김연순 · 안상원
양인정 · 박치완 · 황혜영 · 김종규 공저

충북대학교 인문학연구소 편

신아사

발간사

"업계의 상식이란 이미 '승리한' 기업의 논리일 뿐 '승리하기 위한' 논리가 아니다."라는 일본의 유통업체 대표 야스다 다카오의 말이 있다. 마찬가지로 인공지능 시대, 4차 산업혁명 시대에는 예전의 논리를 들이댈 수 없다고 해도 될 것이다. 아직 인공지능이 '상식'이 되지는 않았기 때문이다. 그럼에도 우리는 오래 전부터 사람의 역할을 대신할 '그 무엇'에 대해서 걱정해 오고 있었다. 이미 서양 중세 시대의 유대 신비주의 카발라 문서에는 '골렘'이라는 단어가 있었다. 마술사가 흙에 생명을 부여하여 일을 시키는 인공 생명체, 즉 일종의 로봇이었다. 더 멀리 거슬러 올라가면 이미 신이 진흙에 숨을 불어 넣어 인간을 만들었다고 하던 종교적 전승이 있지 않았던가? 알파고가 세계 최고의 바둑 기사들을 연파했을 때, 우리는 다시 한 번 그 오래된 걱정들을 보았다. 인간의 자리를 대신할 인공지능, 즉 기계에 내몰리는 인간의 자리를 걱정하게 된 것이다. 한편 보다 많은 기대도 함께 나타났다. 생각지도 못할 무언가를 가져다 줄 것 같은 기대감. 말하자면 예전 그리스-로마의 희극들에서 극의 전개가 꼬일 적마다 신적인 무언가가 나타나서 모든 것을 해결해 버리는 클리셰인 '데우스 엑스 마키나', 일명 기계신의 출현 같은 것으로 인공지능 시대를 바라보고 있다. 우리가 이렇게 인공지능을 그런 두 가지 측면으로 보고 있지는 않은지 생각해 볼 일이다. 무엇이든 해결해 버리고 유토피아를 가져다 줄 일종의 구원자, 혹은 인간을 지구의 주인 자리에서 몰아내고 디스토피아를 가져다 줄 재앙으로 말이다.

새로이 나타나는 기술에 인간의 삶이 변하는 것은 사실이지만, 과연 이번의 기술인 인공지능은 삶의 존재 양태마저 바꿔 놓을 것인지의 문제는 깊이 생각해 볼 필요가 있다. 그리고 인간처럼 판단하는 이 새로운 기술의 적용은 윤리적 문제를 비롯하여 많은 것을 새로운 관점에서 찾아보게 한다. 이에 우리는 인공지능 시대라는 눈앞으로 다가온 새로운 시대적 화두를 가장 오래된 '사람에 관한 학문'인 인문학의 잣대로 재어 보려고 한다. 결국 마지막 판단을 내릴 때 필요한 것은 인간과 기술의 문제가 되기 때문이다.

이번에 엮어내는 책에서는 인간과 기술의 근원적인 문제, 인공지능 시대의 문학과 예술, 빅 데이터의 허와 실, 인공지능이 가져올 사회의 변화 등 다각적인 면을 골고루 엮어 일반 교양인들에게도 도움이 되면서, 동시에 미래를 더듬어 보려는 대학생들에게 직접적으로 길을 찾을 때 볼 수 있는 지도를 제공하려고 하였다. 별을 보고 길을 찾을 수 있었던 시대는 얼마나 아름다웠던가 라는 말이 있지만, 이제는 네비게이션을 보고 길을 찾는 시대이기 때문이다.

별빛으로 길을 더듬는 것은 낭만적이지만, 동시에 헤매는 것 또한 감수해야 할 부분이기도 하다. 헤매는 것이 사고의 성장에 도움이 된다는 장점도 있는 반면, 적응의 시간이 늦춰진다는 단점도 있다. 네비게이션은 예전만큼 낭만적이지는 않지만, 확실히 헤매는 시간을 줄여주기도 한다. 이것은 우위의 문제가 아니고 선택의 문제이다. 그리고 충북대학교 대학인문역량강화(CORE)사업단과 인문학연구소는 전통적인 방식으로 별을 보고 길을 찾는 사람들뿐만 아니라, 정확한 지도와 네비게이션을 원하는 경우에도 도움이 되고 싶어 이 책을 엮어내게 되었다. 부디 다가오는 미래가 이 책을 접하는 사람들 하나하나에게 따뜻한 희망이 되길 간절히 바란다.

충북대학교 인문학연구소장

윤 진

목 차

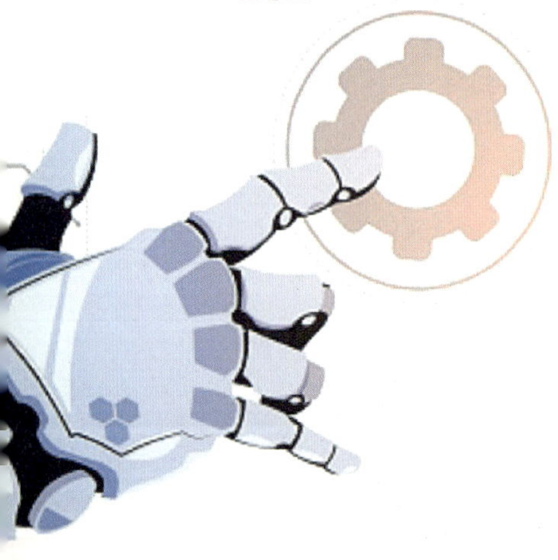

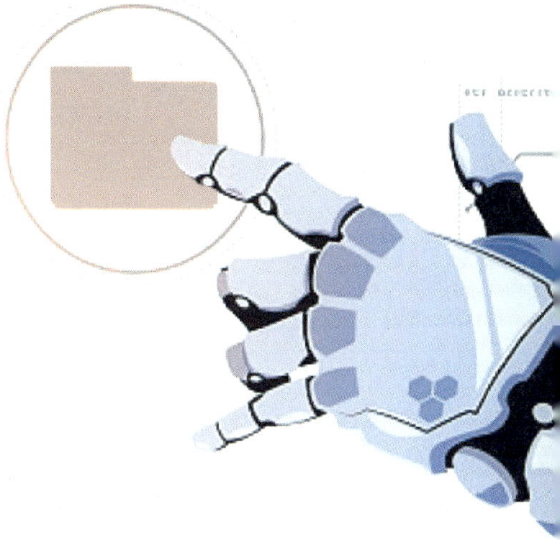

인공지능과
미래 사회

이건명 (충북대학교 소프트웨어학과 교수)

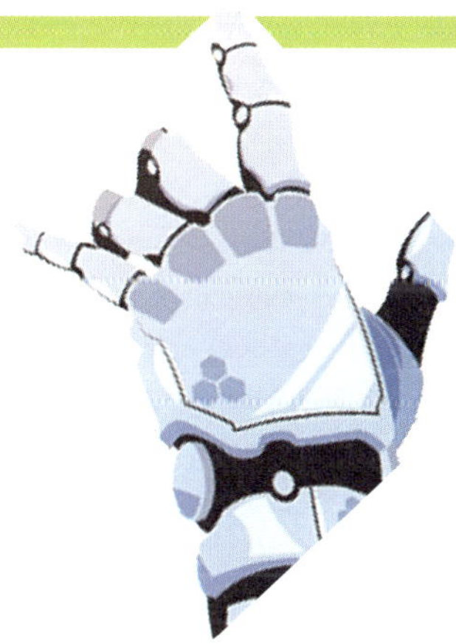

인공지능과 미래 사회

최근 인공지능에 대한 관심이 뜨겁다. 2016년 1월 스위스 다보스에서 4차 산업혁명을 주제로 열린 세계 경제 포럼과, 같은 해 3월 알파고와 이세돌 기사의 대국에서 알파고가 이긴 것이 계기가 아닌가 싶다. 관측 가능한 우주에 있는 원자의 수보다 많은 조합이 있다는, 인간이 만든 가장 어려운 게임인 바둑에서 컴퓨터가 인간 대표를 이겼다. 4차 산업혁명의 핵심 기술인 인공지능이 점점 상용화되고 있는 현재, 기술 발전에 대한 희망적인 기대와 함께 급변할 것 같은 미래에 대한 걱정과 불안 또한 크게 느껴진다.

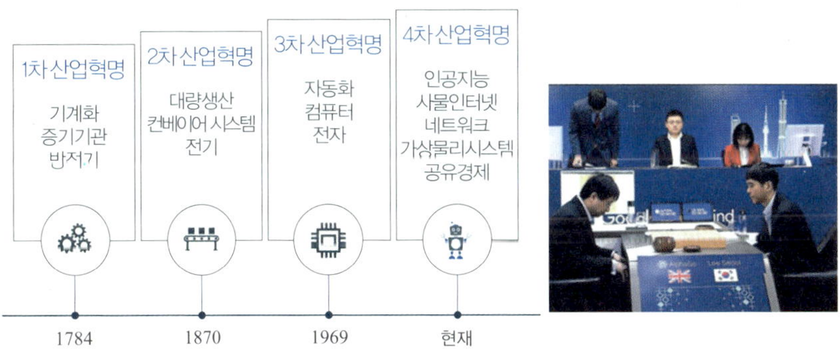

그림 1. 제4차 산업혁명과 알파고

매일 인터넷, 방송, 신문 등을 통해서 접하는 인공지능 기술이란 과연 무엇일까? 주변에서 듣는 이야기들이 정말 사실이고 일어날 일들일까. 인공지능이 그렇게 큰 변화를 일으킬 것이라면 어떻게 준비를 해야 할까. 또 우리 자신을 위해 어떤 것에 관심을 가져야 할 것인가.

인공지능의 태동

역사적으로 볼 때 인공지능이 뜨거운 관심을 받는 것은 새삼스러운 일이 아니다. 1946년에 미국 펜실베니아 대학에서 개발된 최초의 디지털 컴퓨터인 에니악(ENIAC)은 포탄의 탄도를 예측하는 복잡한 수학 계산을 하는 데 사용되었다. 에니악은 사람보다 훨씬 빠르고 정확하게 계산을 할 수 있었고, 이를 보며 계산뿐만 아니라 사람이 하는 다른 일도 컴퓨터로 할 수 있을 것이라는 기대가 점차 커졌다. 이와 함께 지능을 컴퓨터로 구현하는 것에 대한 연구가 시작되었다.

인공지능이란 말 그대로 인공적으로 만든 지능이다. 지능이란 무엇인가? 지능을 누구나 수긍할 수 있을 정도로 명쾌하게 정의하기가 쉽지는 않지만, 어떤 것들이 지능적인지는 말할 수 있다. 사람이 하는 많은 일들은 지능적이다. 계산하는 것뿐만 아니라, 오감을 통해 느끼고 인식하는 것, 추론하고 학습하는 것, 심지어 움직이는 것조차 지능적인 일이다. 또한 감정을 느끼고 애정을 갖고 표현하는 것, 공감하거나 신념을 갖는 것, 종교적인 신앙을 갖는 것 등도 지능적인 것이라 할 수 있다.

인공지능에 대한 관심이 처음 고조됐던 1940년대 후반, 연구자들은 어떻게 프로그램이 지능적인지 아닌지를 판단할 수 있을지에 대해서 연구를 했다. 이를 연구했던 대표적인 인물이 앨런 튜링(Alan Turing, 1912-1954)이다. 그는 흉내 게임(imitation game)을 사용하여 컴퓨터의 지능 여부를 판단하는 방법을 제시했는데, 이는 2014년에 개봉된 모텐 틸덤 감독의 '이미테이션 게임'에서 다루기도 했다. 사실 튜링은 컴퓨터 분야의 가장 근본적이고 이론적인 토대를 제공한 대표적인 인물 중 한 명이다. 그의 업적을 기려 컴퓨터 분야의 노벨상이라고 할 수 있는 영예로운 상을 튜링상(Turing award)으로 명명했다.

그림 2. 흉내 게임과 튜링 테스트

흉내 게임은 <그림 2>의 왼쪽과 같이 남자와 여자가 별도의 방에 있고 검사자는 방 밖에서 컴퓨터를 통해 이들과 대화를 한다. 검사자가 컴퓨터 단말기를 통해서 질문을 하면, 남자와 여자가 협력을 해서 검사자가 여자를 남자로 오인하도록 하는 것이 게임의 목적이다. 흉내 게임에서 여자가 똑똑하다면, 검사자를 속이는 것이 가능하다. 이 흉내 게임을 이용해 컴퓨터 프로그램이 지능적인 판단을 하는지 알아보는 개념적인 방법인 튜링 테스트(Turing test)를 할 수 있다. 튜링 테스트는 <그림 2>의 오른쪽에서 보는 바와 같이 흉내 게임의 여성 자리에 컴퓨터 프로그램을 넣는 것이다. 검사자가 외부에서 질문을 하면, 방안의 사람이나 컴퓨터 프로그램이 답변을 한다. 그런데 검사자가 이러한 상황에서 누가 답변을 하는지 알 수 없다면, 해당 프로그램을 지적인 것으로 판단한다. 지능의 요소는 워낙 다양하고 다면적이어서, 지능 자체를 구체적으로 정의하는 게 쉽지 않다. 튜링 테스트는 지능을 직접 정의하는 대신에 지능이 있다는 것을 어떻게 알 수 있는지 평가하는 방법을 제시한 것이다.

튜링 테스트를 제안할 당시 튜링은 2000년쯤 되면 5분 동안의 대화를 통해 30% 정도의 사람을 속일 수 있는 인공지능을 만들어낼 수 있을 것이라고 예상했다. 튜링 사망 60주년을 맞이한 2014년 6월, 튜링 테스트 이벤트에서 유진 구츠만(Eugene Goostman) 프로그램이 튜링 테스트를 최초로 통과했다고 발표했다. 이 프로그램은 13세 우크라이나 소년의 캐릭터를 가진 챗봇(chatbot, 대화하는 소프트웨어 로봇)인데, 30명의 검사자가 5분씩 대화한 후에 그중 33%가 이를 사람이라고 판정해서 튜링 테스트를 통과했다고 한다. 하지만 실제 튜링 테스트에서는 대화 범위에 제약이 없어야 하는데, '특정 나이 대의 기니피그를 키우는 소년'이라는 특정한 개성을 가졌고, 유머를 통해 상대를 혼란시키는 방법을 사용하는 등 프로그램에 제약을 주었기 때문에, 제대로 튜링 테스트를 통과한 것이 아니라는 비판도 있다. 미국 여배우 오드리 햅번을 닮았다고 해서 유명해진 인간 모양의 로봇인 소피아도 대화를 하기는 하지만 정해진 범주를 벗어나면 제대로 답변을 하지 못한다. 결론적으로 아직 엄밀한 의미의 튜링 테스트를 통과한 인공지능 시스템은 없다.

그림 3. 핸슨 로보틱스의 소피아(Sophia) 로봇

미국의 철학자 존 설(John Searle, 1932生) 교수는 중국인 방 사고실험(Chinese room thought experiment)을 통해 튜링 테스트가 지능의 유무를 제대로 판정할 수 있는 방법이 아니라는 반론을 제시했다. <그림 4>는 중국인 방 사고실험을 하는 상황을 보여준다. 방문은 닫혀 있고, 방 안에는 중국어를 전혀 모르는 사람이 있다. 방 안에는 중국어 질문에 대한 대답이 적혀 있는 책이 있다. 문밖의 중국인이 쪽지에 중국어로 질문을 적어 문 밑으로 밀어 넣으면, 방 안의 사람은 책에서 중국어 질문과 일치하는 글자들이 있는 부분을 찾아 대답에 해당하는 글자들을 쪽지에 복사해서 문 밑으로 내보낸다. 문밖의 사람이 질문에 맞는 답변 쪽지를 받는다면, 방 안의 사람이 중국어를 하는 사람이라고 생각할 것이다.

그림 4. 중국인 방 사고실험

방 안에 있는 사람은 실제로는 중국어를 이해하지 못한다. 그러나 대화를 이해하지 못해도 대화를 할 수 있으므로 튜링 테스트는 통과할 수 있을 것이다. 전혀 이해하지 못해도 튜링 테스트를 통과할 수 있기에, 튜링 테스트를 지능의 유무를 판정하는 데 사용할 수 없다는 것이 존 설의 주장이다.

하지만 중국인 방 사고실험은 인공지능의 공학적 접근 방법에 대한 근거가 되었다. 방 안에 있는 사람이 중국어를 하지 못하더라도, 밖에 있는 중국인은 필요한 정보를 얻어간다. 사람이 필요로 하는 일을 프로그램이 이와 같이 똑똑하게 할 수 있다면 지능적이라고 해도 되지 않겠나 라는 관점을 중국인 방 사고실험이 제시하고 있다고도 볼 수 있다.

튜링 테스트는 완벽하게 대화를 이해하고 대응할 수 있는 지능적인 프로그램을 목표로 하는 관점이지만, 실제 활용 관점에서 보면 프로그램은 튜링 테스트를 완벽하게 통과하지 못하더라도 필요한 일만 할 수 있으면 된다. 존 설은 중국인 방 사고실험을 통해 튜링 테스트를 통과한다고 해서 지능을 갖는다고 말할 수는 없다는 것을 주장하였지만, 이는 인공지능 연구자들에게는 완벽한 지능을 구현하지 못하더라도 실제 활용만 할 수 있으면 상관없다는 이야기를 할 수 있는 기반이 되기도 한다.

인공지능이라는 용어는 매카시(John McCarthy, 1927-2011) 교수가 1956년 미국 다트머스 대학에서 개최된 다트머스 회의에서 당시 컴퓨터 지능 관련 연구 분야를 AI(Artificial Intelligence)로 부르자고 제안하면서 널리 사용되었다. 인공지능은 '의사결정, 문제 해결, 학습 등 사람의 생각과 관련된 활동을 자동화 하는 것', '지능이 요구되는 일을 할 수 있는 기계를 만드는 학문', '인지하고 추론하고 행동할 수 있도록 하는 컴퓨팅에 관련된 학문' 등 여러 가지로 정의되지만, 인간이 의식적으로 하는 행동을 흉내 내는 것은 어떤 것이든 인공지능이라고 볼 수 있다.

사람에게 쉬운 일은 컴퓨터가 하기에 어렵고 컴퓨터가 쉽게 하는 일은 사람이 어려워한다는 말이 있다. 이를 모라벡의 역설(Moravec's

Paradox)이라고 한다. 예를 들면, 복잡한 계산은 사람에게는 어렵지만, 컴퓨터는 쉽게 할 수 있고, 사람이 오감을 통해 쉽게 할 수 있는 일들은 컴퓨터가 해내기에 쉽지 않다. 하지만 최근 인공지능 기술의 발달로 사람이 훨씬 잘 하던 일을 컴퓨터도 잘 해내는 일들이 생기고 있으며, 이는 앞으로 더 많아질 것으로 보인다.

존 설 교수는 강한 인공지능과 약한 인공지능에 대해 이야기했다. 강한 인공지능은 마음을 가지고 있으면서 추론하고 의사소통을 할 수 있으며 자아의식, 감정, 양심 등을 가지는, 사람과 같은 인공지능을 말한다. 약한 인공지능은 특정 문제만을 해결하기 위해 사람의 지능적 행동을 흉내 내는 수준으로 구현된 인공지능을 말한다. 이런 점에서 튜링 테스트를 통과한 프로그램을 강한 인공지능이라고 할 수 있으며, 중국인 방 사고실험을 통과한 프로그램을 약한 인공지능이라고 할 수 있다. 현재 인공지능은 무엇이든 다 해낼 수 있는 인공지능 보다는 특정 문제를 해결하기 위해 구현되는 약한 인공지능 쪽으로 많은 연구가 진행되고 있다.

인공지능의 기술 발전

인공지능 기술 발전에는 세 번의 붐이 있었다. 인공지능 개념이 나오고 IQ 테스트에서 나오는 수준의 문제를 해결하는 정도의 인공지능 기술이 개발되었던 시기를 1차 붐으로 볼 수 있다. 1970년대에 접어들면서 적용 대상 문제가 커지고 복잡해지면서 인공지능 연구는 한동안 주춤하다가 1980년대부터 1990년대 초중반까지 두 번째 붐을 맞이했다. 이 시기에는 인공지능 세탁기, 퍼지 선풍기 등 인공지능 관련 키워드가 많이 사용되었지만, 대단하다고 체감할 만한 결과들은 많지 않았다. 1990년대 중후반에서 2000년대 초반까지는 인공지능에서 괄목할 만한 이벤트가 없었다. 2010년대 접어들면서 딥러닝을 비롯한 기계학습 기술의 발달과 함께 알파고, 왓슨, 다양한 음성인식 스피커 등을 접하게 되면서 3차 붐이 시작되었다.

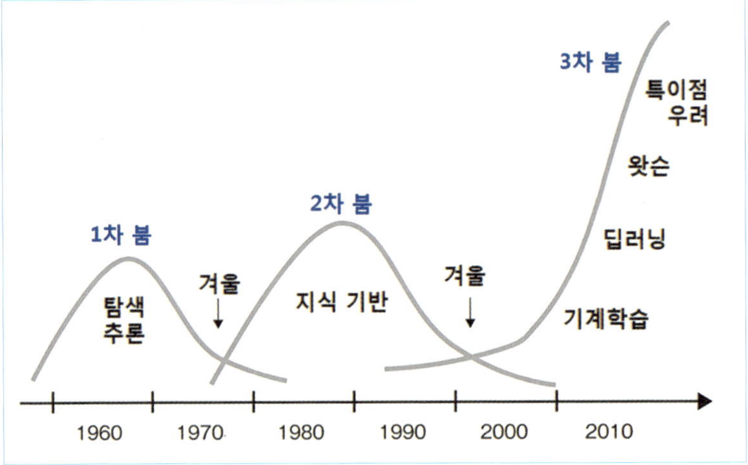

그림 5. 인공지능의 기술 발전

탐색을 통한 인공지능

1차 붐 당시 개발되었던 주된 인공지능 기술은 탐색 기법이었다. 문제에 대한 답을 체계적이고 효과적으로 찾아가는 탐색 기법은 여러 가지 문제를 해결할 수 있었다. 바둑, 장기와 같은 보드게임을 하는 것도 일종의 탐색을 하는 것이다. 이런 보드게임을 할 때는 내가 둘 수 있는 수(手)에 대해 상대방이 할 수 있는 수를 미리 봄으로써 나의 말을 어디에 둘지 결정한다. 예를 들어 3×3 크기의 보드에서 3목을 둔다고 해보자. 미리 수를 보는 것을 <그림 6>처럼 나타낼 수 있다. 보드게임에서 이러한 수 보기를 효과적으로 수행하는 기술들이 개발되면서 이와 같은 비교적 쉬운 문제를 풀 수 있게 되었다.

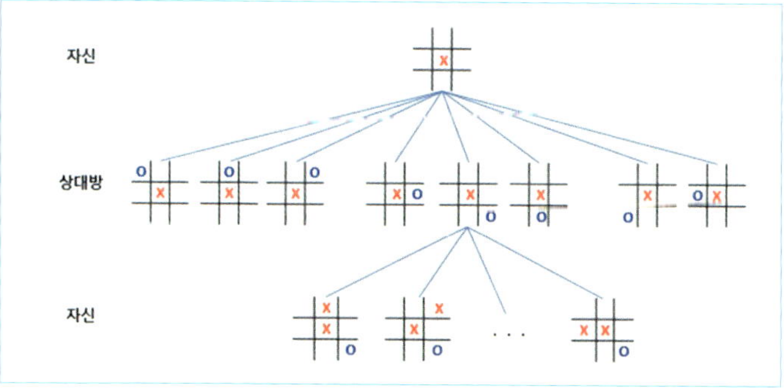

그림 6. 3목과 미리 수보기

이러한 탐색 기법은 다양한 문제의 해답을 찾는데 적용되었고 흥미로운 결과를 보여주기도 했다. 그래서 지능적이라는 생각이 들게 만들었다. 하지만 이러한 탐색 방법은 문제가 복잡해지면 적용하기 곤란하다는 한계가 있었다.

알파고는 바둑을 어떻게 두는가?

바둑은 경우의 수가 너무 많은 게임이다. 경우의 수가 10^{360}으로 상상하기 어려운 천문학적인 숫자이다. 그렇기에 앞에서 보았던 형태처럼 전체에 대해 탐색을 할 수 없다. 어느 정도 수를 내다본 다음 형세 판단을 하는 수밖에 없다. 그런데 바둑에서는 형세 판단이 어렵다. 하수와 고수의 차이는 형세 판단에서의 실력 차라고 할 수 있다.

알파고에서는 기본적으로 형세 판단을 위해 모의 게임을 해 보는 방법을 사용한다. 바둑판의 형세가 좋다면 아무렇게나 바둑을 둬도 이길 가능성이 크다. 어느 정도 수를 본 다음, 형세 판단을 위해 해당 바둑판의 상황에서 컴퓨터가 바둑을 가능한 한 많이 둬서 승패의 비율을 확인하도록 한다. 바둑은 시간 제약이 있으므로 바둑을 둬볼 때 복잡한 계산을 하지 않고 바둑 규칙만 지키면서 모의 게임을 한다. 이를 통한 승률이 형세 판단의 값이 된다.

한편 알파고는 이길 확률이 높은 바둑돌 위치를 결정하기 위해, 바둑 기사들이 둔 기보를 가져다가 학습을 한다. 딥러닝이라는 기계학습 기술로 기보를 학습해서 바둑판의 어디에 돌을 놓을 때 유리한지 점수를 계산한다. 즉, 모의 게임을 통해서만 바둑판의 형세 판단을 하는 것이 아니라 딥러닝 기술을 통한 형세 판단을 함께 사용한다. 이러한 방법으로 바둑을 둘 수 있는 프로그램을 일단 만든 다음, 이 프로그램을 두 개를 실행시켜 서로 바둑을 두도록 해 새로운 기보를 만들어낸다. 이렇게 만들어진 기보로 다시 알파고를 학습을 시킨다. 이 과정을 반복하여 알파고는 점점 더 진화한다. 알파고의 최초 모델은 2015년 10월에 유럽 바둑 챔피온 판후이(Pan Hui)와 대국했던 알파고 판(AlphaGo Pan)으로, 1,202개의 CPU(컴퓨터의 중앙처리장치)와 176개의 GPU(그래픽 처리장치)를 사용하여 바둑을 뒀다. 2016년 3월 이세돌 기사와 대국했던 모델은 더 성능이 개선된 것으로 알파고 리(AlphaGo Lee)라 하는데 1,920개의 CPU와 구글이 만든 딥러닝 처리 장치인 TPU 48개를 사용해서 바둑을 뒀다. 바둑을 두고 있는 알파고의 뒤에는 엄청나게 많은 컴퓨터가 동작하고 있었다. 2017년 5월 중국 기사 커제와 대국을 해서 모두 이겼던 알파고 모델인 알파고 마스터(AlphaGo Master)는 TPU 4개를 사용하는 컴퓨터 한 대 만을 사용했다. 2017년 10월에는 알파고 제로(AlphaGo Zero)가 발표되었는데, 바둑 기보나 바둑 지식을 전혀 사용하지 않고 바둑의 규칙과 자체 경기만을 통해서 학습을 한 것으로, 경기를 할 때 TPU 4개가 있는 컴퓨터 한 대 만을 사용한다. 그런데 알파고 제로는 알파고 리와의 대전에서 100:0으로 이겼으며, 알파고 마스터와는 89:11의 우수한 성능을 보였다. 2017년 12월에는 알파 제로(Alpha Zero)라는 모델이 공개되었는데, 바둑만을 둘 수 있었던 알파고와는 달리 바둑뿐만 아니라 체스와 일본 장기까지 자체 경기만으로 매우 빠른 시간에 학습을 해서 바둑에서도 알파고 제로에 필적하는 성능을 보여주었을 뿐만 아니라, 체스나 일본 장기 등에서도 기존 프로그램과 비교해 월등한 성능 향상을 보여줬다. 바둑, 체스, 장기 등과 같은 보드게임에서는 이미 사람이 컴퓨터를 이길 수 없는 상황이 되었다.

왓슨이 대답한다

IBM은 문장으로 된 질문에 답변하는 왓슨(Watson)이라는 인공지능 시스템을 개발하였다. 2011년에 왓슨은 미국의 퀴즈 쇼인 제퍼디(Jeopardy!)에 참가해 역대 챔피언 두 명과의 경쟁에서 우승하여 사람들을 놀라게 했다. 왓슨은 기본적으로 위키피디아의 지식을 분석해서 가지고 있으며, 논문 등 문헌에서도 다양한 분야의 지식을 추출해서 가지고 있다. 이 시스템은 문제를 주면 문제를 스스로 해석하여 질문의 의도를 파악하고 답이 될 수 있는 가설을 만들어낸다. 그리고 각 가설이 얼마나 신뢰가 있는지 계산을 한 후, 신뢰수준이 일정 수준 이상인 경우 답을 제시한다.

현재 IBM은 환자의 증상과 의료 지식을 이용하여 질병을 진단하고 치료방법을 추천하는 용도로 왓슨을 활용하려고 시도하고 있다. 미국의 대표적인 암치료 병원인 엠디 엔더슨(MD Anderson) 암센터와 메모리얼 슬로안 케터링(Memorial Sloan Kettering) 암센터는 IBM과 함께 왓슨을 이용하여 암을 진단하는 시스템을 개발을 시작했다. 2018년 현재 엠디 엔더슨과의 시스템 개발은 중단되었으며, 메모리얼 슬로안 케터링과의 개발은 진행 중이다. 국내에서도 이미 몇 개 병원에서 왓슨을 도입했고, 실제 사용해본 결과 전문의 처방과 왓슨의 처방은 80% 내외로 일치한다고 한다. 이러한 진단 및 치료 지원 시스템이 성공적으로 개발된다면 의료분야에 큰 기여를 할 수 있을 것으로 보인다.

왓슨은 의료분야 이외에도 교육 분야에서 미군 사회복귀 교육, 소매 영업사원 교육 등에 활용되고 있다. 또한, 비즈니스 분야에서는 보안 분석, 여행계획 광고 서비스 분석 등에 활용되고 있으며, 안전 분야에서는 범죄 예측 등의 분야에서 활용되고 있다.

한편, 한국전자통신연구원에서는 왓슨과 비슷한 성격의 질의응답 시스템인 엑소브레인(Exobrain)을 개발하고 있으며 개발 기술을 공개하고 있다.

도로에는 자율주행 자동차

현재 대부분의 자동차 회사들이 자율주행 자동차 개발 연구를 진행하고 있다. 2009년 도로 주행 테스트를 시작한 구글의 자율주행 자동차는 2017년 누적 주행 거리 600만 킬로미터 이상인 주행 테스트를 하면서 성능이 개선되고 있다. 현재 구글의 자회사인 웨이모(waymo)에서 자율주행 자동차를 개발하고 있으며, 운전자가 없는 상태의 주행 테스트를 하고 있다. 이와 같이 자율주행 기술은 이미 성숙단계에 접어들었으며, 전기 자동차 업체인 테슬라(Tesla)도 이미 오토파일럿(Autopilot)이라는 자율주행 기능을 자사 자동차에서 제공하고 있다. 미국 자동차 공학회(SAE)에서는 자동화 단계를 0부터 5까지로 분류하고 있는데, 단계 0은 완전 수동, 단계 1은 차선유지, 자동 속도 유지, 자동 주차 등 운전자 보조 수준, 단계 2는 특정 조건에서 자율주행을 하지만 여전히 운전자가 주목을 해야 하는 부분 자동화 수준, 단계 3은 특정 조건에서 자율주행이 되는 조건부 자율주행 수준, 단계 4는 고도 자동화 수준, 단계 5는 완전 자동화 수준을 말한다. 테슬라의 오토파일럿의 자동화 수준은 단계 2에 속한다. 여러 자동차 회사들과 정보기술 기업들이 자율주행 자동차에 대해 많은 투자를 하는 만큼, 머지않아 단계 3 이상의 자율주행 기능을 갖춘 자동차가 도로를 주행하는 것을 쉽게 보게 될 것이다. 구글이 선보인 자율주행 자동차 이외에도 자동차 회사들과 애플, 바이두, 네이버랩스 등 소프트웨어 회사들이 참여하여 연구를 진행하고 있다.

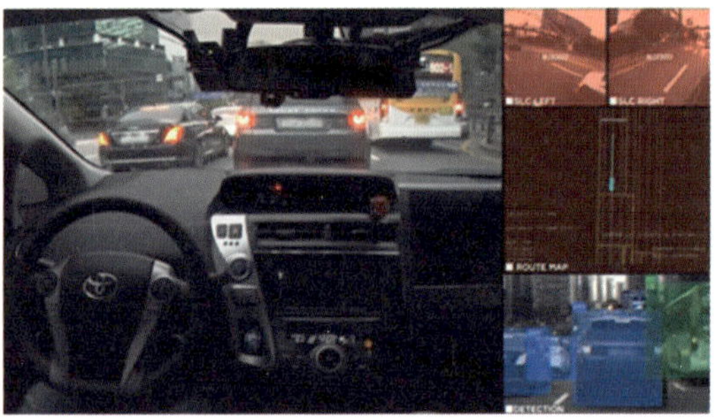

그림 7. 네이버랩스의 자율주행자동차

기계학습 - 기계가 학습하는 것이란

최근 인공지능이 크게 발전한 배경에는 기계학습(machine learning)이 있다. 일반 프로그래밍에서는 개발자가 모든 코드를 직접 작성한다. 예를 들어, 고양이 사진에 대해 고양이라고 인식하도록 하려면, 개발자가 한 줄, 한 줄 프로그램을 만들어야 한다. 하지만 기계학습에서는 많은 고양이 사진을 데이터로 주면 기계학습 프로그램이 자동으로 고양이를 식별할 수 있는 알고리즘을 만들어 준다. 사람이 직접 필요한 프로그램을 만들지 않고, 기계학습 프로그램이 학습 데이터로부터 원하는 일을 하는 프로그램을 자동으로 만들어준다.

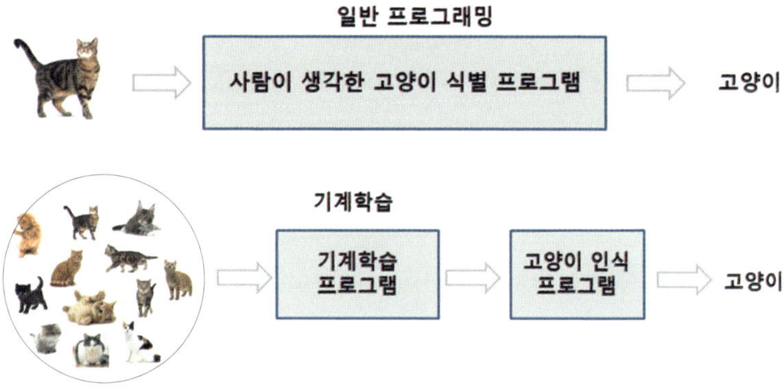

그림 8. 일반 프로그래밍과 기계학습

기계학습이란 '경험을 통해서 나중에 유사하거나 같은 일을 더 효율적으로 처리할 수 있도록 시스템의 구조나 파라미터를 바꾸는 것'으로 정의할 수 있다. 쉽게 말하자면 컴퓨터가 어떤 일을 할 수 있는 지식을 갖도록 만드는 작업이다. 기계학습에는 크게 세 가지 방식이 있다.

첫 번째 방식은 문제와 답을 주고 학습을 하도록 하는 지도 학습(supervised learning)이다. <그림 9>와 같이 지도 학습에서는 문제와 답으로 구성된 데이터들이 주어진다. 이러한 데이터를 학습 데이터라고 한다. 학습 데이터로부터 지도 학습 방법은 문제에 대한 답을 출력하는 모델을 만들어낸다. 이러한 모델을 사용하면 새로운 문제에 대해서도 답을 할 수 있다. <그림 9>는 덧셈에 대한 지도 학습의 예를 보인 것이다. <그림 8>의 고양이를 인식하는 문제도 지도 학습이 적용되는 예이다.

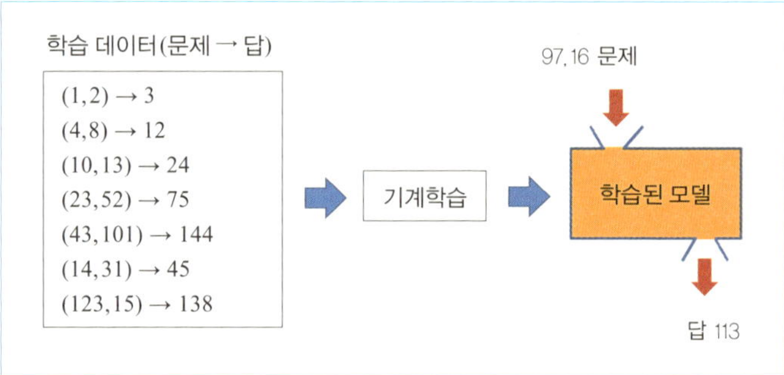

그림 9. 지도 학습

두 번째 기계학습 방식은 비지도 학습(unsupervised learning)이다. 비지도 학습에서는 답이 없이 문제만 주어지는 상황에서 학습을 하는 것이다. 예를 들어, <그림 10>과 같이 도형이 주어져 있을 때, 뭔가를 찾아보라고 하면, 오른쪽과 같이 유사한 것들끼리 나누는 일을 할 수 있을 것이다. 사진 저장 클라우드 서비스에서 동일 인물 사진을 모아주는 서비스 등에서 이러한 비지도 학습 기술이 활용되고 있다.

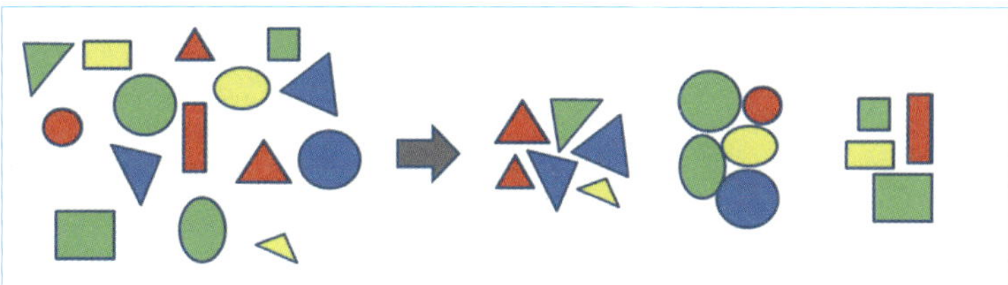

그림 10. 비지도 학습

세 번째 방식은 강화 학습(reinforcement learning)이다. 자전거 타기를 배우는 것이 대표적인 강화 학습의 예이다. 자전거를 배울 때는 어떤 상황에서 어떤 동작을 해야 하는지 가르쳐줘서 배우는 것이 아니다. 처음에는 넘어지기도 하면서 조금씩 안정적인 자세를 배워가며 숙달이 된다. 어떤 상황에서 어떻게 하는 게 넘어지지 않고 오래가는지 경험하면서 배우게 된다. 이처럼 특정 상황에서 어떤 행동을 해보고, 정답에 대한 정보는 없지만, 그 결과가 얼마나 좋은지(자전거 타기라면 얼마나 오래 가는지)에 대한 일종의 보상을 통해서 학습하는 것을 강화학습이라고 한다. 자전거 타기 뿐 만 아니라, 바둑 두기와 같은 게임, 주식 포트폴리오를 구성하고 운영하는 것, 로봇의 움직임 학습 등의 문제에도 강화 학습 기법이 적용되고 있다.

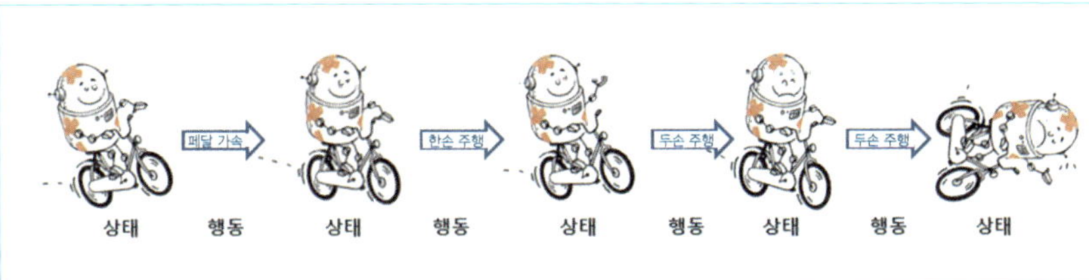

그림 11. 강화 학습

두뇌를 보고 만든 기계학습

지능은 두뇌의 작용을 통해서 나타나는 현상이다. 인간의 두뇌는 <그림 12>와 같은 신경세포들로 구성되어 있다. 뇌생리학의 연구에 따르면 인간 두뇌에는 8.6×10^{10}개 정도의 신경세포가 있다. 신경세포의 축색돌기는 다른 신경세포의 수상돌기와 연결되고, 이 연결 부위를 신경연접(시냅스)이라 한다. 신경연접을 통해서 신경세포들은 전기화학적인 신호를 주고받는데, 이때 다른 신경세포에서 보내 온 신호를 증폭하거나 감쇄하여 받는다. 받아들인 신호는 세포체에서 합성되며, 그 결과가 일정 임계값 이상이면, 신경세포는 축색돌기를 통해서 신호를 내보낸다. 신경연접은 신경세포의 기능을 결정하는 부분으로, 인간 두뇌에는 약 1.5×10^{14}개의 신경연접이 있다. 이 단순한 신경세포들을 이용하여 인간 두뇌는 지능, 감정, 신념, 의식, 자율신경 조절 등 다양한 일을 해낸다.

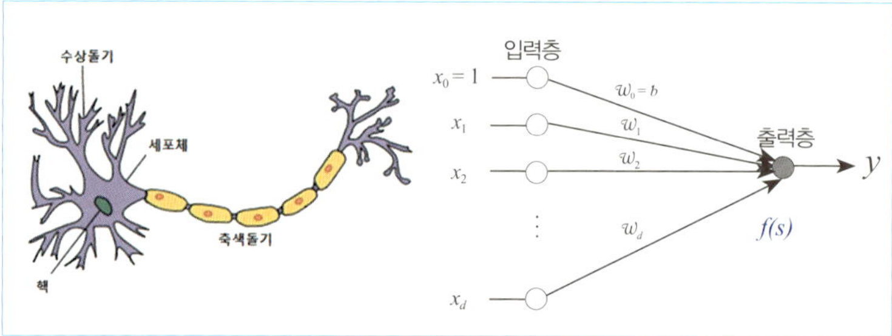

그림 12. 신경세포와 계산적 모델

<그림 12>의 왼쪽과 같은 모습인 신경세포는 오른쪽의 그림과 같은 계산적 모델로 표현될 수 있다. 이러한 계산적인 모델을 <그림 13>과 같이 층으로 쌓아서 만든 것을 신경망이라고 한다. 신경망 연구는 1940년대부터 시작되어 한동안 주춤하다가 1980년대 중반부터 1990년 중반까지 많은 발전이 있었다. 그런데 <그림 13>과 같이 층을 많이 쌓을수록 성능은 좋아지는데 층이 많아지면 학습이 잘 안 되는 문제가 생겨서, 많은 층이 있는 신경망을 사용할 수 없었다.

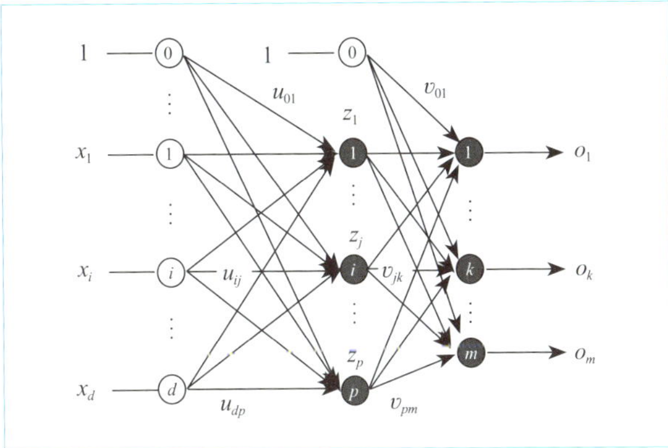

그림 13. 신경망

2000년대에 접어들면서 신경망에 많은 층이 있어도 학습을 할 수 있는 방법이 개발되기 시작했다. 이렇게 층이 많은 신경망을 사용하는 학습을 딥러닝(deep learning)이라고 한다. 이전의 신경망은 보통 3, 4개의 층을 사용했는데, 딥러닝에서는 수백 개의 층이 있는 신경망도 사용할 수 있게 되었다. 이에 따라 기존 방법에서는 기대하기 어려웠던 높은 성능의 기계학습 모델이 개발되고 있다. 최근 개발되고 있는 인공지능 시스템의 대부분은 딥러닝 기술을 사용하고 있다고 말할 수 있을 정도로 딥러닝이 널리 사용되고 있다.

인공지능의 현재와 미래

인공지능 기술이 상업적으로 성공한 최초의 적용분야는 전문가 시스템이다. 전문가 시스템은 특정 분야의 일을 전문가 수준으로 해결하는 프로그램을 말한다. 인공지능 기술은 고장 진단, 분석, 예측 등의 다양한 문제에서 성공적으로 적용되어 왔다. 최근의 인공지능 기술은 그간 성능 개선이 더디게 이루어졌던 영상 인식, 음성 인식, 자연어 처리 등의 분야에서 괄목할 만한 발전을 이루어내 놀라움을 주고 있다. 얼굴 사진을 보고 누구인지 인식하는 것은 99.6% 정도가 가능하고, 사진 속의 물체가 무엇인지 맞추는 것은 97% 이상의 정확도를 보이기도 한다. 동영상 속의 여러 물체들의 위치를 찾고 어떤 물건인지 맞추는 것도 매우 높은 정확도를 보일 정도로, 불과 10여년 전에는 전혀 기대할 수 없었던 수준에 도달해 있다. 예로 <그림 14>와 같이 사진을 보고 사진 내용을 문장으로 설명하는 것도 이제는 가능하다.

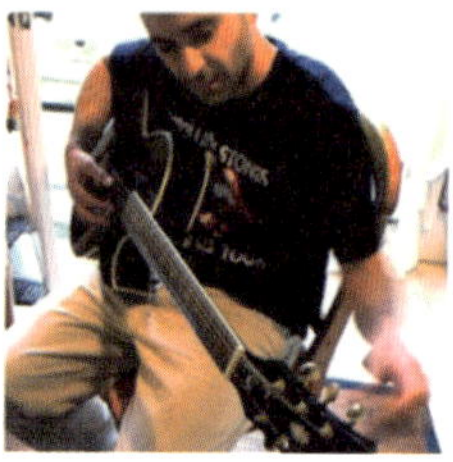

Man in black shirt is playing guitar.
(검은 셔츠를 입은 남자가 기타를 치고 있는 중이다)

Construction worker in orange safety vest is working on road.
(오랜지색 안전 재킷을 입은 건설 작업자가 길에서 작업중이다)

그림 14. 영상에서 자동 설명 생성

말소리를 인식하는 음성인식 기술은 상당히 오랜 기간 연구되어 왔지만 제한적인 용도로만 사용할 수 있는 정도였다. 그런데 딥러닝 기술이 활용되면서 최근에 인식률이 매우 높아졌고, 이제는 웹 검색, 네비게이션, 음성 대화 앱과 스피커 등 일상에서 흔히 사용하고 있다. 음성 대화 앱은 2011년 애플이 시리(Siri)를 출시한 이후로 점점 성능이 개선된 것들이 출시되고 있다. 한편, 아직 충분히 만족스럽지는 않지만 음성 대화 스피커 또한 가전제품처럼 보급되고 있다.

글로 쓰여진 문장을 처리하는 자연어 처리에서도 최근 많은 발전이 있었다. 100여개 이상의 언어를 상호 번역하는 기계번역 기술이 높은 수준으로 개선되고 있다. 특히 딥러닝 기술이 적용된 기계번역의 품질은 매우 높은 수준으로 발전하고 있다. 질문에 답변을 하는 질의응답 시스템과 관련된 기술도 많은 진전이 이루어지고 있다. 이전에는 정해진 시나리오에 따라 질문과 응답이 진행되었는데, 현재는 문장의 의미를 파악하여 답변을 하는 기술이 개발되어 활용되고 있다. 이러한 기술은 음성 인식 앱이나 스피커 등에서 널리 활용되고 있다. 특히 사람 곁에서 대화를 하고 도움을 주는 컴패니언 로봇(companion robot)에서 큰 역할을 하게 될 것이다. 앞으로는 현재보다 훨씬 높은 수준의 질의응답 시스템이 개발될 것이다. 단순히 응답만 하는 것이 아니라, 상대의 성향과 태도를 학습해서 마음에 드는 답변을 하는 기술도 개발되고 있다. 2016년 3월 트위터는 '테이(Tay)'라는, 사용자의 성향을 학습해서 응답을 하는 챗봇 서비스를 선보였다. 그런데 사용자의 성차별적이고 인종혐오를 하는 말을 학습하여 트윗을 하는 바람에 서비스 시작 16시간 만에 서비스가 완전 중단되기도 했다.

온라인 쇼핑몰이나 서점 등에서는 다양한 추천 서비스가 제공된다. 고객의 특성을 파악하고 고객이 관심 있어 할 만한 것을 맞춤형으로 추천한다. 이러한 서비스는 고객 자신보다 고객을 더 잘 알게 될지도 모르겠다.

인공지능 소프트웨어가 신문기사를 작성하는 로봇 저널리즘도 확산되고 있다. 오토메이티드 인사이츠(automated insights)의 인공지능 프로그램은 2016년 한해 동안 15억개의 기사를 자동으로 작성했다. 심지어는 소설을 쓰기도 한다. 인공지능 소프트웨어가 톨스토이의 '안나 카레리나'를 변형하여 쓴 '진정한 사랑(True Love)'이라는 소설이 2008년 러시아에 출판되었다. 인공지능 프로그램으로 쓴 '컴퓨터가 소설을 쓰는 날'이라는 소설은 일본 SF 소설 공모전에서 호시 신이치상의 1차 심사를 통과하기도 했다. <그림 15>은 '컴퓨터가 소설을 쓰는 날'이라는 소설을 일부 발췌한 것이다.

> 그 날은 구름이 낮게 드리운 잔뜩 찌푸린 날이었다.
> 방 안은 언제나 최적의 온도와 습도. 요코씨는 단정치 못한 모습으로 소파에 앉아 시시한 게임으로 시간을 떼우고 있다. 하지만 나에게 말을 걸진 않는다.
> 한가하다. 한가해 죽겠다.
> 이 방에 처음 왔을때는 요코 씨는 뭐든지 나에게 말을 걸었다.
> 「오늘 저녁은 뭐가 좋을까?」
> 「요번 계절에 유행할 옷은?」
> 「이번 모임에 뭘 입고 갈까?」

그림 15. '컴퓨터가 소설을 쓰는 날'의 발췌

인공지능 프로그램은 위와 같은 일 이외에도 작곡을 하고, 시를 쓰고, 사진을 수정하는 등 창작을 하는 일도 해내고 있다. 필체를 학습해서 필체에 따라 글씨도 쓰고 있고, 무성영화에 효과음을 넣고, 스케치만 해줘도 그림을 만들어내기도 한다. 화가의 화풍을 학습시켜서 사진을 주면 화풍에 따른 사진에 대한 그림을 만들어낼 수도 있다. <그림 16>은 피카소의 '라 뮈제(La muse)'라는 작품의 화풍에 따라 왼쪽의 사진을 오른쪽과 같이 인공지능 프로그램으로 간단히 바꾼 것을 보여준다.

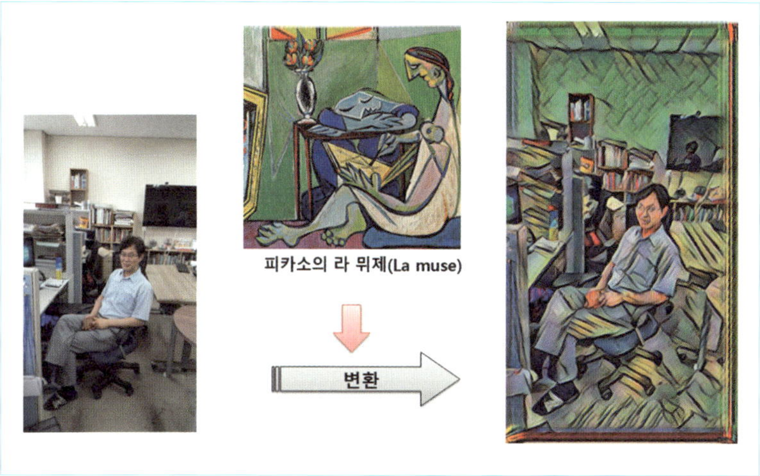

그림 16. 화품에 따른 그림 생성

인공지능의 특이점

인공지능의 여러 기술들은 이미 많이 활용되고 있고, 여전히 발전 가능성을 계속해서 보여주고 있다. 하지만 인공 기술의 수준이 최근 갑자기 증가하였고, 이러한 변화는 인간의 지능을 능가하는 초지능의 인공지능이 개발될 것이라는 우려를 일으키고 있다. 이렇게 기술의 수준이 어느 한순간 기하급수적으로 증가하는 시점을 특이점(singularity)이라고 한다. 이 용어는 1993년 빈지(Vernor S. Vinge)교수가 쓴 "다가오는 기술의 특이점(The Coming Technological Singularity)"이라는 글에서 처음 사용되었다.

커즈와일(Raymond Kurzweil)은 자신의 저서 "가까이에 있는 특이점(The singularity is near)"에서 인공지능이 인간의 지능보다 더 진보하게 되는 시점이 2045년 정도일 것이라고 예측했다. 또한 물리학자인 스티븐 호킹, 마이크로소프트의 창업자 빌 게이츠, 테슬라의 최고 경영자 엘론 머스크, 옥스퍼드대 철학교수 닉 보스토롬, "우리의 마지막 발명품(Our Final Invention)"의 저자 제임스 배럿 등은 인공지능 기술의 발전으로 인한 초지능의 탄생을 우려하기도 했다.

현재 인공지능 기술은 특정 분야의 일을 잘 할 수 있는 방법을 찾는 약한 인공지능을 추구하고 있다. 특이점이 오려면, 주어진 인공지능 프로그램의 성능을 자동으로 개선시키는 인공지능 프로그램이 있어야 한다. 그러면서 현재 다루고 있는 문제보다 더 넓은 범위의 문제를 풀 수 있는 인공지능 프로그램이 지속적으로 만들어져야 한다. 그래야만 점점 더 범용적이며 똑똑한 인공지능 프로그램이 점점 만들어져서 종국에는 특이점에 도달할 수 있다. 그러나 현재의 기술적 접근 방법으로는 이러한 인공지능 프로그램을 만들 수도 없고, 앞으로 만들어질 것이라는 기대도 크지 않다. 인공지능의 특이점은 쉽게 도달할 수 없을 것이며, 만약 그렇게 된다면 그러한 인공지능 기술은 인류의 최종 발명품이 될지도 모르겠다.

인공지능 시대의 직업과 일자리

인공지능을 포함한 기술의 발전은 새로운 일자리를 만들기도 했지만 동시에 자동화로 인해 많은 일자리를 기계로 대체해 왔다. 지금까지는 기술의 발전은 육체노동이 요구되는 블루칼라 일자리를 많이 줄여왔다. 자율주행 자동차 상용화는 블루칼라 일자리의 축소를 보여줄 단적인 사례이다. 이미 미국에서는 무인 트럭이 도로에서 시험 운행을 하고 있다. 그런데 인공지능 기술 발전은 블루칼라 일자리뿐만 아니라 사무·관리직과 급여 수준이 높은 전문직 등 화이트칼라 일자리도 많이 줄일 것으로 예상된다. 물론 새로운 일자리들이 만들어질 것이지만 얼마나 많을지, 어떤 것들이 만들어질지 예측하기는 쉽지 않다.

금융 및 법률 분야에는 이미 인공지능 기술이 도입되어 복잡한 전문적인 데이터 분석 처리를 하고 있다. 국내에서는 2014년에 금융 및 보험 분야에서만 인력이 전년 대비 52,000명 감소하였다. 상대적으로 적은 금액의 투자자들에게는 펀드 매니저 대신 인공지능 프로그램이 자산 운영을 지원해주는 로봇 어드바이저리(robot advisory)를 사용하는 것이 일반화되었다. 금융 분석 프로그램인 켄쇼(Kensho)는 연봉 50만 달러(5억 8,800만원) 애널리스트가 40시간 작업할 분량의 일을 몇 분 만에 처리하고 있다.

알고리즘이란 작업의 처리나 문제 해결을 위해 사용하는 정해진 절차를 말한다. 어떤 일이 알고리즘으로 표현될 수 있으면, 컴퓨터를 사용하여 자동화할 수 있다. 한편, 알고리즘이 없더라도 데이터가 많으면 기계학습 방법을 사용하여 작업 방법이나 문제 해결 방법을 찾아낼 수 있다. 따라서 정형화된 작업이나 많은 데이터가 축적되는 분야는 일자리가 자동화될 가능성이 매우 크다고 볼 수 있다.

2016년 다보스 포럼에서는 2020년까지 510만 개의 일자리가 감소할 것이라고 예측했다. 옥스퍼드 대학의 경제학자 프레이(Carl Benedict Frey) 교수 등이 2013년 미국 내 702개 직업을 분석한 결과 향후 10~20년 내에 미국 직업의 47%가 위협을 받을 것이라고 예측했다. 2017년 연구에 따르면 국내에서도 향후 20년간 124만개의 일자리가 감소할 것이라는 예측도 있다. 하지만, 미국의 기술조사 기관 가트너(Gartner)는 2020년 이후부터는 인공지능의 영향으로 미국 내에서 50만개의 일자리가 순증가할 것이라는 희망적인 예측도 있다. 분명한 것은 현재의 직업과 일자리가 그대로 유지되지는 않을 것이라는 점이다. 새로운 직업과 일자리 또한 생길 것이다.

인공지능 기술의 발전은 생산성 및 효율성 측면에서는 매우 긍정적이지만, 일자리의 감소라는 부정적인 측면을 내포하고 있다. 새로운 직업이 생겨나기도 하겠지만, 인공지능 기술의 발전은 노동력의 잉여를 초래할 것이다. 이에 따라 고용과 일자리 문제, 기회의 불평등 문제, 소득의 양극화 문제 등의 해결을 위한 사회적·정치적 변화와 타협이 일어날 것이다.

인공지능과 윤리, 책임

인공지능 기술의 발전은 인간 본연의 영역에 남겨두었던 윤리 문제를 표면으로 끄집어내고 있다. 심리학자 본퐁(Jean-François Bonnefon)은 자율주행 자동차의 의사결정과 관련하여, 다음 세 가지 인명피해가 날 수밖에 없는 운전상황에서의 의사결정에 대한 설문조사를 했다. 첫 번째는 운전 중 갑자기 다수의 무단횡단자가 길에 나타나는 경우로, 자동차가 주행 방향을 바꾸지 않으면 무단횡단자 여러 명이 사망할 수 있고, 주행 방향을 바꾸면 인도를 걷던 보행자가 사망할 수 있는 상황이다. 두 번째는 높은 다리 위를 주행하고 있는데 무단횡단자 한 명이 나타났고 주행 방향을 바꾸면 탑승자가 사망할 수 있는 상황이다. 세 번째는 다리 위를 주행하는데 다수의 무단횡단자가 나타났고 주행 방향을 바꾸면 탑승자가 사망할 수 있는 상황이다. 이러한 상황에 직면하게 된다면, 운전자 스스로 순간적으로 판단을 해서 행동한다. 이런 상황에 대해서 어떻게 해야 하는지 사회적인 합의를 한 적도 없고 합의를 하는 것도 어렵다. 온전히 개인의 판단에 맡겨둔 윤리적 가치판단의 문제이다.

자율주행 자동차는 이러한 상황을 마주하게 되면 직진을 할 것인지 방향을 바꿀 것이지 결정을 하는 프로그램 코드를 반드시 가지고 있어야 한다. 무단횡단자 몇 명의 목숨과 무고한 보행자의 목숨이 대등한 가치를 가지는가. 목숨의 가치를 비교하여 불법을 저지르지 않은 사람을 희생하여도 정당한가. 탑승자는 무단횡단자 몇 명을 위해 희생해야 하는가. 우리는 이런 상황에 대해서 어떻게 프로그램된 자율주행 자동차를 살 것인가. 자동차 소유자에게 이런 상황에 대한 선택을 미리 하도록 할 것인가. 이전에는 순전히 개인의 가치 판단에 맡겨졌던 이러한 윤리적 문제를, 인공지능 기술의 발달로 인해 이제는 사회적으로 함께 논의하고 그 판단 기준을 명문화해야 하는 상황에 직면해 있다.

인공지능의 윤리적인 판단이 아직은 낮은 수준에서 요구되고 있지만, 기술이 발전하고 시스템이 복잡해지면서 더 복잡한 윤리적 판단이 요구될 것이다. 그렇다면 어떤 윤리적인 가치관이 시스템에 적용되어야 하며, 누구의 가치관을 적용할 것인지도 판단해야 한다. 도덕적 가치에 대한 윤리적 판단이라는 것은 기준이 다양하다. 개인, 국가, 종교, 철학 등 상황적 맥락에 따라 다르며 시대에 따라서도 다르기 때문에 보편적인 가치관에 따라 윤리적인 코드를 적용한다는 것이 가능하지 않을 수도 있다는 것이다. 문화 상대주의적 담론이다. 절대적으로 우수한 것이나 옳은 것이 없다는 것이다. 윤리적인 가치판단도 마찬가지이다. 이런 문제의 고민은 기술을 연구하는 사람만이 할 것이 아니라 이 사회를 살아가는 모든 구성원들이 고민해야 하는 문제이며, 실제로도 발생할 수 있는 문제이다. 따라서 누구나 기술에 대해 최소한의 이해를 하고 감시를 하며 자신의 의견을 표명해야 한다.

또 한 가지 생각해봐야 할 문제로는 인공지능 시스템의 실수로 인한 책임을 누구한테 물을 것인가라는 것이다. 만약 IBM 왓슨이 실수를 해서 의료 과실 치상이 발생했다면, 이것은 누구의 책임인가. 책임에는 경제적 책임과 신체적인 책임이 있을 수 있다. 왓슨을 사용한 의사가 경제적인 책임을 져야 하는가, 개발사인 IBM에서 져야 하는가. 한편, 신체적인 책임은 지우기도 어렵다. 로봇에게 책임을 지우기 위해, 해당 로봇을 폐기하는 등의 책임 부여는 의미가 없다. 이러한 문제들이 인공지능이 발전하면서 생각해봐야 하는 문제이다.

인공지능 시대의 사회

인공지능 기술의 발전은 사회에 순기능도 하지만 역기능 또한 적지 않다. 기술 발전에 따른 생활의 편리함, 신속성, 효율성 덕분에 노동 시간이 단축될 것이고, 따라서 문화를 향유할 기회와 여유가 증가하고, 개인이 발전할 수 있는 여건이 좋아질 것이다. 반면, 급변하는 기술의 발전은 개인에게 끊임없이 변화에 적응하도록 요구하게 될 것이다. 이에 따라 변화를 쉽게 받아들이는 사람과 저항하는 사람 사이의 양극화가 심해질 수 있다. 여러 특성의 계급 간의 갈등을 유발할 수 있고, 이는 사회적 불안을 야기할 수도 있다.

경제적인 불평등이 심화되면서 소득층이 고소득 전문직과 저소득 노무직으로 나뉘고 중간 소득층이 축소될 가능성도 있다. 광범위한 일자리 붕괴는 장기적 실업률 상승으로 이어질 수 있다. 소득의 편중은 이미 20세기 후반부터 심화 되었으며 선진국에서는 이미 평균 실질 소득이 정체되는 현상이 보이기 시작했다. 인공지능의 발달과 함께 이러한 평균 실질 소득 정체가 전지구적으로 일어날 수도 있다.

한편, 디지털 세상에서 태어나고 성장해서 기술 수용성이 높은 세대와 기술에 대해 적응해야 하는 기성 세대 간의 단절이 있을 수 있다. 부의 편중으로 인해 수명 연장, 건강관리, 인지 능력 향상 등의 고급 기술의 혜택이 특정 집단에게만 불평등하게 돌아갈 수 있다. 쉽게 이동할 수 없는 소속 집단에 대한 차별이 이루어지는 존재론적 불평등이 발생할 수도 있다.

이미 우리 사회는 기술 발전에 따라 사회적 친밀감과 유대감의 약화가 진행되고 있다. 면대면 대화보다는 온라인 소통이 늘어나면서 실질적 대화시간이 감소하고 있다. 물리적으로 점점 고립되고 직접적인 상호작용이 줄어듦에 따라 타인과 공감할 수 있는 사회적 능력의 저하 현상도 나타나고 있다. 미래에는 말하는 냉장고와 대화를 하고, 음성인식 앱과 스피커, 또는 집안에 있는 컴패니언 로봇과 대화를 더 많이 하게 될지도 모른다. 2010년 미국 미시간 대학 학생들의 공감능력에 대한 조사에 따르면, 20~30년전의 학생들에 비해 2000년 이후의 학생들의 공감능력이 40%나 저하되어 있다는 결과가 있다. 미국 MIT 대학의 터클(Sherry Turkle) 교수의 조사에 따르면 미국에서는 운동경기나 가족, 친구와의 식사 자리에서도 10대 청소년의 44%가 온라인 세상과 연결된 상태에 있다고 한다. 기술이 발전하면서 타인의 말을 듣거나, 눈을 맞추거나, 타인의 몸짓을 이해하는데 어려움을 겪을 수 있다는 공포감을 갖고 있는 젊은 세대가 증가하고 있다.

그렇기에 우리는 예측되는 부작용과 폐해에 대해서는 경각심을 갖고 감시하고, 이를 제도적, 사회적 장치를 통해 방지하고 보완하는 체계를 구축해야 한다. 인공지능으로 대표되는 미래 기술 발전에 매몰되어 버린, 대상으로서의 존재가 아니라 존엄성인 주체로서의 위상을 지킬 수 있도록 노력해야 할 것이다.

인공지능 시대의 교육

인공지능 시대의 교육은 어떻게 이루어져야 할까? 경제 주체로서의 교육에서 염두에 두어야 할 첫 번째는 평생 직업은 있을 수 없을 것이라는 것이다. 대학 교육이 특정 직업군의 업무 역량을 갖추는 것으로는 충분하지 않을 것이다. 기술 발전은 직업의 형상을 바꿀 수 있다. 어떤 일자리는 갑자기 없어질 것이고, 어떤 일자리에서는 작업 환경이 크게 바뀔 것이다. 지금까지는 이직을 하면 같은 업종에서 직장을 찾는 경우가 많았지만, 앞으로는 어쩔 수 없이 업종 자체가 다른 곳에서 일자리를 찾을 수밖에 없을 것이다. 따라서 변화에 빠르게 대응할 수 있는 능력을 갖추노록 하는 교육을 해야 할 것이다.

유명한 복잡계 물리학자인 새뮤얼 아브스만(Samuel Arbesman)은 지식에는 반감기가 있고 반감기가 계속 단축된다고 했다. 모든 지식은 유효기간이 있다는 의미이다. 전문 지식을 쉽게 접근할 수 있게 되어 감에 따라, 전문 지식의 가치는 축소될 것이라고 한다. 변화에 따라 필요한 지식을 빠르게 습득하여 적응해야하기 때문에, 지식 보유보다 뛰어난 학습 능력을 보유하는 것이 필요하다.

따라서 교육 활동에는 학습 능력을 향상시키는 것이 반드시 포함되어야 한다. 학습 능력은 문해력(文解力, literacy)의 강화와 효과적인 학습 전략 체득을 통해 향상된다. 문해력이란 독서와 글쓰기를 통해서 길러진다. 학습 전략은 성공적인 학습 경험과 평생 교육 체계의 제공과 수혜를 통해서 개선되고 발전할 수 있다.

한편 인공지능 시대의 일자리와 고용 창출을 위해서는 많은 창의적인 사람들이 새로운 가치의 직업과 서비스를 만들어내야 한다. 상투적인 결론이긴 하지만, 창의력을 향상시킬 수 있는 교육을 해야 한다. 다른 관점과 생각의 차이를 수용하고 적용하는 경험, 주관적인 평가를 하고 의미를 부여하는 경험, 전형(典刑)에 얽매이지 않은 자유로운 생각과 새로움을 수용하는 자세를 견지하는 것, 현상과 변화를 분석하고 인과관계와 예측을 통해 문제점을 파악하는 경험, 앞서 고민하고 나름대로 결론을 도출하여 전해준 인문학적 유산에 대한 이해, 현재와 가까운 미래의 영향력 있는 기술을 이해할 수 있도록 하는 교육이 필요하다.

결국 미래는 사람이 결정한다. 4차 산업혁명기에 접어들었다고 하는 이 시대에는 미래 기술 발전에 대해 사회 구성원 전체의 관심이 필요하다. 기술이 사회와 개인에 미칠 영향을 이해하고 전체에게 혜택이 갈 수 있도록 견제해야 할 것이다. 개인은 생존과 존엄성의 유지를 위해 급변하는 미래를 준비하고 적응하는 길을 갈 수 밖에 없지 않나 싶다.

인문학적 사유의 힘
인공지능 시대, 인간 사유의 본성을 다시 생각하기

박승억 (숙명여자대학교 기초교양대학 교수)

분명 우리가 만든 것인데...

인공지능 연구자들이 최근에 씨름하고 있는 문제는 인공지능을 이해하는 일이다. 얼핏 역설적이기까지 하다. 왜냐하면 그 인공지능은 바로 그들이 만든 것이기 때문이다. 자신들이 만들어 낸 것을 이해하지 못한다? 내가 뭔가를 만들었다면 그것이 어떤 원리로 제작되었고, 따라서 어떤 상황에서는 어떻게 움직일 것이라고 설명하는 일은 그리 어려운 일이 아닐 듯 해 보인다. 물론 부모가 자식들을 이해하지 못하는 경우가 있지만, 인공지능이 사람은 아니지 않은가? 구글의 알파고나 IBM의 왓슨이 아무리 뛰어난 인공지능이라고 해도 아직은 기계일 뿐이다. 그것도 사람이 만든 기계적 도구들이다. 그런데 그 기계를 제작한 사람들이 그 기계를 이해하기 위해 다시 연구를 해야 한다는 상황은 뭔가 우스꽝스럽기도 하고, 또 다른 한 편으로는 섬뜩한 구석도 있다.

이러한 상황을 통상 인공지능의 블랙박스 문제라고 부른다. 간단히 말해 인공지능이 어떤 판단을 내렸을 때, 왜 그런 판단을 내렸는지 우리가 잘 이해하지 못하는 경우가 생기는 것이다. 인공지능이 판단을 내리는 과정을 인간이 쫓아가지 못하기 때문이다. 가장 분명한 경험적 사례는 2016년 구글의 알파고와 이세돌 9단의 바둑 대결에서 해설자들이 알파고가 두는 수를 이해하지 못했던 때가 그렇다. 해설자들은 알파고가 왜 하필 그곳에 돌은 놓았는지를 이해하지 못했지만 나중에 알파고가 이기고 나서야 알파고가 둔 '어이없어 보이는' 그 수가 이유가 있었음을 알게 되었다. 사실 이런 상황이 낯선 것은 아니다. 사람들 사이에서 상대방이 무슨 생각으로 그런 말을 하고, 그런 행동을 했는지 이해하지 못하는 경우는 허다하기 때문이다. 따라서 우리가 설령 인공지능의 의사결정 과정을 정확하게 따라잡지 못한다고 하더라도 어차피 사람도 다른 사람의 생각을 다 따라잡는 것은 아니니까 어이가 없기는 하지만 그럴 수도 있지 하며 쉽게 넘겨버릴 수도 있다. 하지만 인공지능의 블랙박스 문제가 우리를 당혹하게 만드는 것은 단지 우리가 만든 인공지능의 판단을 정확히 이해하지 못한다는 사실 때문만은 아니다.

사실 인공지능의 블랙박스 문제는 얼핏 생각하는 것보다 훨씬 더 중요한 문제이다. 그 중요성은 앞으로 우리가 인공지능과 함께 살아갈 것이고, 또 우리가 해 오던 많은 일들을 인공지능에게 떠맡길 가능성에 비례한다. 약간의 상상력을 발휘해서 사고실험을 해 보자.

당신이 영화 <스타워즈>에 나오는 로봇 C3PO의 주인이라고 해 보자. 함께 길을 가는 중에 물에 빠진 두 사람을 발견하게 되었다. 당신은 수영을 할 줄 몰라서 사람을 구할 수 없다. 그래서 C3PO에게 사람을 구하라고 명령한다. 그런데 C3PO가 왼쪽에 있는 사람을 먼저 구하는 바람에 다른 한 사람이 결국은 희생되었다. 별로 유쾌한 상상은 아니지만 충분히 일어날 수 있는 일이다. 이때 당신은 C3PO에게 왜 하필 그 사람을 먼저 구했느냐고 물었을 때 C3PO가 "그냥이요,.. 잘 모르겠는데요."라고 대답한다면 당신은 어떤 생각이 들까? 아마 당신은 이런 상상을 하게 될지 모른다. '만약 나하고 내 친구하고 물에 빠졌을 때, C3PO는 나를 먼저 구할까? 아니면 내 친구를 먼저 구할까?'

당신이 '어떤 경우든 내가 제일 먼저야!'라고 생각하는 이기적인 사람이 아니라면, C3PO가 사람을 구할 때 어떤 보편적이고 타당한 원리에 입각해서 행동하기를 바랄지 모른다. 그런데 이런 경우는 어떨까? 2004년에 개봉한 영화 <아이, 로봇>의 주인공 델 스프너는 로봇을 혐오한다. 그 이유는 자동차 사고로 주인공과 소녀가 물에 빠졌을 때 로봇이 스프너를 먼저 구하는 바람에 어린 소녀가 죽었기 때문이다. 로봇이 건장한 형사였던 스프너를 먼저 구한 이유는 간단하고 명료했다. 스프너의 생존확률이 소녀의 생존확률보다 높았기 때문이다. 만약 소녀를 먼저 구했다면 최소한 확률적으로는 두 명 다 희생될 가능성이 높았다. 영화에서 스프너는 자신을 구하러 오고 있는 로봇에게 소녀를 먼저 구하라고 부탁(명령)하지만 로봇은 말을 듣지 않는다. 위급한 상황에서 '인간'은 합리적인 판단을 내리지 못할 확률이 크기 때문이다. 사고 유발자였던 스프너는 그 일 때문에 평생을 죄책감에 시달려야 했다. 깊은 물속으로 가라앉는 자동차 안에서 자신을 바라보던 소녀의 눈빛을 떨쳐낼 수 없었기 때문이다.

요즘 시장에 나오기 위해 열심히 준비 중인 자율주행차는 언제든 스프너가 처한 상황에 직면할 수 있다. 불가피하게 사고가 날 수밖에 없는 상황에서 차 안에 타고 있는 사람의 안전을 먼저 생각해야 할까? 아니면 차 밖에 있는 사람의 안전을 우선시 해야 할까? 이렇게 위험한 상황만이 문제는 아니다. 생명의 문제보다는 덜 심각하기는 하지만 한 사람의 인생에서 중요한 문제들도 많다.

최근 인공지능이 은행 업무에서 사람을 대체해 나가고 있다. 당신이 갑작스러운 사정으로 대출을 받으려고 한다. 인공지능이 대출 심사를 위해 당신의 신용 정보를 조회하고 최종적으로 대출을 거부했다고 가정해보자. 이제까지 당신의 신용은 아주 좋았다. 그런데 인공지능은 왜 대출을 거부했을까? 당신의 정보를 조회하면서 인공지능은 당신이 머지않아 직장을 그만 둘 확률이 높고(이제까지 당신이 직장을 옮긴 횟수와 당신의 현재 나이, 당신이 현재 갖고 있거나 앞으로 갖게 될 직업의 전망 등 포괄적인 관련 자료들을 분석해서 예측한 것이다!) 다시 직장을 얻기가 쉽지 않다고 예측했기 때문이다.

물에 빠진 두 사람 중 누구를 먼저 구해야 하는가 하는 문제는 이른바 '트롤리 문제'라고도 알려져 있는 일종의 딜레마이다. C3PO에게 왜 하필 그 사람을 먼저 구했느냐고 물었을 때 C3PO가 속 시원한 대답을 하지 않았다고 해서 불만을 가질 이유는 없다. 그것이 딜레마인 까닭은 어떤 판단을 내려도 나름의 이유가 있을 것이기 때문이다. 그 질문을 당신 자신에게 똑같이 물었을 때 당신 역시 선명한 결정을 내리지 못하는 경우라면, C3PO에게 불만을 제기해서는 안 될 것이다. 하지만 은행 대출이 거절된 경우라면 어떨까? 당신은 추호도 직장을 옮길 생각이 없다. 따라서 이제까지의 당신의 생활패턴에 대한 방대한 자료를 토대로 당신의 행동을 예측한 은행의 인공지능 상담원에 대해서는 항의할 수 있지 않을까? 물론 당신은 항의할 것이다. 하지만 은행의 인공지능 상담원은 결정을 철회하지 않는다. 이 상황은 알파고가 둔 '이해할 수 없는 수'와 마찬가지다. 인공지능 상담원이 당신이나 당신 주변사람들은 이해하지 못하는 판단을 내린 것이다. 인공지능의 그 판단이 옳은지는 시간이 지나면 판명이 날 것이다. 물론 당신은 대출을 못 받았기 때문에 결국 얼마 지나지 않아 직장을 그만두게 될 수도 있다. 그래서 인공지능의 예측이 맞았음을 확증해 줄 수도 있다.

사고실험을 통해 생각해 본 이러한 일련의 상황들은 우리가 인공지능에게 여러 가지 일을 맡겼을 때 벌어질 수 있는 일이며, 그래서 더더욱 우리는 인공지능이 어떤 판단을 내렸을 때 왜 그런 판단을 내렸는지를 알고 싶다. 하지만 알파고 사례가 보여주듯이 때때로 우리는 인공지능이 왜 그런 판단을 하게 되었는지를 이해하지 못하는 수가 있다. 앞으로 인공지능 기술이 더욱 발전하게 되면 그런 일들은 더 많아질지 모른다. 그런데 만약 인공지능이 사회적으로 여러 사람들의 이해관계가 첨예한 사안에서 특정한 정책적 판단을 내리게 되거나, 사람의 생명과 관련해서 촌각을 다투는 의료현장에서 중요한 의사결정을 내리게 된다면 어떻게 될까? 게다가 우리가 인공지능이 왜 그런 의사결정을 했는지 제대로 이해하지 못한다면 어떻게 될까?

인공지능의 블랙박스 문제가 인공지능 기술 발전에 중요한 분기점인 까닭은 바로 이러한 상황들 때문이다. 그렇다면 블랙박스 문제는 어떻게 생겨난 것일까? 다시 말해 제작자인 인간이 인공지능의 판단을 쫓아가지 못하는 까닭은 무엇일까? 무엇보다 인공지능이 자신이 내린 판단을 제작자에서 설명해 줄 방법이 '아직' 없기 때문이다. 이른바 '딥러닝(deep learning)'이라는 기계학습 과정을 통해 인공지능은 주어진 상황아래서 목표를 달성하기 위한 가장 효과적인 선택이 무엇인지를 끊임없이 보정한다. 사람처럼 쉬지도 않고, 잠을 잘 필요도 없으며, 지루해 하지도 않는다. 사람의 입장에서 보자면 천문학적인 자료 더미들에서 전기적(말하자면 빛의) 속도로 시행착오와 반복학습을 통해 자신의 의사결정 시스템을 보정해 나간다. 따라서 기계학습을 통한 인공지능의 '성장 속도'는 상상을 초월한다. 그런 탓에 인공지능이 어떤 판단을 내릴 때의 연산속도를 자연지능이 따라잡지 못하는 것은 한 편으로 당연한 일이기도 하다.

특히 딥러닝 과정에서 인공지능이 자신의 판단절차를 보정하기 위한 심층 신경망에서 어떤 과정이 일어나는지를 제대로 파악하지 못하는 현재 상황에서는 왜 인공지능이 그런 결정을 내렸는지를 쉽게 이해하기가 어렵다. 그래서 이런 문제를 해결하기 위해 미국 국방부 산하 연구소는 딥러닝의 원리를 연구하는 이른바 '설명 가능한 인공지능'이라는 분야에 큰 연구자금을 지원하기도 하였다. 현재 인공지능의 블랙박스를 연구하는 방식은 크게 3가지 정도로 압축되어 있다.

첫 번째는 인공지능의 기계학습 과정에서 입력 데이터를 조작해서 인공지능의 변화를 살펴보는 것이다. 이는 인공지능의 바깥에서 인공지능의 블랙박스를 연구하는 것으로 원리적으로 보면 인간의 심리를 이해하기 위한 행동주의 심리학의 방식과 유사하다. 두 번째는 딥러닝을 하는 인공지능의 심층 신경망에 결과를 어느 정도 예측할 수 있는 층을 끼워 넣어서 그 변화를 연구하는 것이다. 끝으로 세 번째는 아예 인공지능에게 사람들이 사용하는 일상의 자연어를 학습하게 하고 그렇게 자연어를 학습한 인공지능이 왜 그런 판단을 내리는지를 스스로 설명하게 하는 것이다.

어떤 방법이 효과적일지는 두고 보아야 할 일이다. 다만 블랙박스 문제를 우리가 수용할 수 있는 수준에서 해결할 수 있다면, 인공지능의 활용가능성은 훨씬 더 커질 것이라는 점은 분명하다. 일단 어떤 가치판단이나 사람들 사이의 이해관계를 따져야 하는 일이 아닌 기계적인 일처리 분야에서 인공지능과 네트워크 기술의 결합은 아주 빠르게 사람이 하던 일을 대체해 나가고 있다. 최근 아마존 고(Amazon Go)는 무인 점포 시대를 열었다. 스마트폰을 가진 사람이라면 그냥 들어가서 물건을 들고 나오면 (계산대에 서서 긴 줄을 하릴 없이 기다릴 필요 없이) 알아서 계산이 끝나는 것이다. 물론 이러한 일이 단지 사업자가 인건비를 줄이기 위해서 그런 것만은 아니다. 물건을 사는 고객들은 자신들이 누리는 편의의 대가로 막대한 정보를 제공한다. 소비자는 시간을 절약하는 대가로 자신의 취향이나 구매패턴 등과 관련된 다양한 정보를 제공하게 되고, 이 빅데이터는 사업자에게 새로운 비즈니스의 가능성을 열어줄 것이다. 단지 이러한 상황을 생각해 보는 것만으로도 단박에 긍정적이지만 동시에 부정적인 영향을 짐작할 수 있다. 소비자들은 삶의 편의를 누리는 대신에 자신들의 일자리가 사라질 걱정을 하거나 개인 정보 보안 문제 등 더 심각한 부작용을 짐작할 수 있기 때문이다.

인공지능 기술은 데이터 과학, 네트워크 기술, 센서 기술 등 융합 기술의 총아이다. 그래서 인공지능 기술을 기반으로 4차산업혁명에 관한 이야기가 끊이지 않는다. 비록 논란이 있는 개념이기는 하지만 '4차산업혁명'이라는 개념은 거의 완전한 자동화를 통해 제품의 주문, 생산, 배송에 이르기까지 전통적인 생산/서비스 과정에서 사람이 필요 없는 시대를 상상하게 만든다. 그래서 한 편에서는 이러한 변화를 '기회'라고 말하고, 다른 한 편에서는 '위기'라고 말한다. 위기라고 말하는 까닭은 인공지능, 말하자면 인간이 스스로 만들어 낸 기계에 의해 인간의 자리가 위협받고 있기 때문이다.

이제 인공지능이 얼마나 인간과 비슷한지를 말하는 것은 뉴스가 되지 않을 지경이다. 오히려 인간과 인공지능의 차이가 과연 무엇인지를 말하는 것이 차라리 의미 있는 이야기일지 모른다. 인간의 사유와 인공지능의 계산에는 어떤 차이가 있을까? 그 차이는 단순히 차이를 위한 차이여서는 의미가 없다. 애초부터 오랜 진화의 결과로 도달한 생물학적 존재로서의 인간과 기계적 프로그램으로서의 인공지능이 다르다는 사실은 너무나 분명한 것이기 때문이다. 인간의 사유와 인공지능의 계산 사이의 차이는 그저 다름을 드러내기 위한 차이가 아니라 인간의 인간다움을 성찰하게 하는 차이여야 한다.

테일러리즘: 기계적 재현의 미학

프레드릭 테일러(F. W. Taylor)는 경영을 과학화한 인물로 평가받는 사람이다. 고도의 분석적 기법을 활용하여 생산성 혁신을 위한 이론적 기초를 마련한 인물로 그의 책, 『과학적 관리법Principles of Scientific Management』(1911)은 경영 분야의 고전 중 하나이다. 테일러는 이 책에서 흥미로운 사례를 하나 소개한다. 그것은 테일러의 영향을 받은 프랭크 길브레스라는 사람이 벽돌쌓기 작업을 합리화 한 것인데, 오랫동안 벽돌쌓기 작업은 해당 분야의 전문가들이 오랫동안 몸에 밴 작업 스타일을 고수하고 있었다. 길브레스는 작업의 효율성을 높이기 위해 벽돌을 놓는 위치, 작업자가 몸을 움직이는 동선, 심지어 작업할 벽돌을 쌓을 때 벽돌면의 방향에 이르기까지 벽돌을 쌓은 작업 자체를 미시적인 행동 영역까지 분석해서 가장 효율적인 작업 방식을 찾아낸다. 길브레스는 이 방법을 통해 그 전까지는 당시 노동자들이 시간당 평균 120개를 쌓던 작업효율을 시간당 평균 350개까지 끌어올린다.

테일러가 본래 이러한 과학적 관리 기법을 통해 의도했던 것은 노동자의 생산성을 높임으로써 그들의 수입을 높여 더 풍족한 생활을 할 수 있기 위해서였다. 실제로 테일러의 방법은 공장 내에서 생산성을 크게 높여주었다. 그래서 테일러의 의도대로 노동자들은 더 돈을 많이 벌고 행복해졌을까?

또 다른 사례를 생각해보자.

1916년에 캐나다의 해밀턴에서는 흥미로운 사건이 있었다. 그곳의 철강공장 사태와 관련하여 청문회가 열렸는데, 그 자리에서 한 노동자가 패널들을 향해 이렇게 물었다. "여러분들이 '숙련된 기술'이라고 말할 때, 그것이 '능력'을 말하는 것입니까?" 그리고 이렇게 다시 물었다. "어떤 사람이 여러분들의 공장에 들어 온 지 얼마 되지 않아 기계를 잘 다루게 되었다고 가정해 봅시다. 그가 똑똑하고, 심지어 숙련된 기술자들보다 월급을 많이 받는 노동자가 되었다면 여러분들은 그를 '숙련된 기술자'라고 부를 것입니까?"[1] 헤론이 보고한 이 사례는 장인이라고 부르는 숙련된 기술자들의 문화가 근대적인 공장제도 안에서 어떻게 소멸되어 갔는지를 잘 보여준다. 철강공장의 노동자가 말한 '숙련된 기술자'는 우리가 '달인'이나 '장인'이라고 부르는 사람들이다. 당시 그들은 노동 현장에서 특별한 지위를 갖고 있었다. 그들은 작업의 전 과정을 꿰고 있는 전문가들이었다. 그러나 그들은 그들보다 더 높은 생산성을 가진 존재, 해밀턴 철강공장에서는 '기계'에 의해 대체된다. 그렇다면 그 기계들은 어떻게 장인의 흉내를 낼 수 있었을까? 사실 그 기계들이 숙련된 기술자들처럼 작업의 전 과정을 알리는 없다. 그저 테일러와 같은 사람들이 작업 과정을 분석하고 그 중에서 기계로 대체할 수 있는 작업만을 반복적으로 수행하는 도구일 뿐이다.

길브레스의 벽돌쌓기에서도 마찬가지다. 작업의 효율성을 높이기 위해 사람들의 작업은 분업화된다. 어떤 사람은 오직 벽돌을 나르기

1) C. Heron, "The Ceisis of Craftsman: Hamilton's Metal workers in the Early Twenties Century" in *Labour/Le Travilleur*, 6(Autumn 1980)

만 한다. 또 어떤 사람은 벽돌을 쌓기만 한다. 한 사람이 벽돌을 나르고 쌓는 전 과정을 수행하는 것이 아니라 자기가 맡은 부분만을 수행한다. 각자가 자신이 가장 잘 하는 부분에서 최고의 효율성을 내도록 분업화한 것이다. 힘이 좋아서 물건을 잘 나르기는 하지만 벽돌을 정확히 얹어서 쌓은 작업과 같이 정교한 손놀림에는 소질이 없는 사람은 벽돌을 나르는 '전문가'가 되는 것이고, 그 반대의 경우는 벽돌을 쌓는 전문가가 되는 것이다. 해밀턴의 철강공장의 노동자가 청문회에서 청문위원들에게 던진 질문을 다시 생각해보자. 기계를 잘 다루는 사람을 과연 '숙련된 노동자'라고 말할 수 있을까? 심지어 그는 철강이 어떤 과정을 통해 생산되는지를 하나도 모르고 오직 그가 다루는 기계의 조작법에만 익숙한 사람인데 철강제품 생산의 전문가라고 말할 수 있을까?

산업혁명을 통해 기계가 등장하고 전통적인 수공업 형 장인의 문화가 빠르게 소멸되면서 생겨난 노동 소외의 문제는 어제 오늘의 이야기는 아니다. 찰리 채플린의 영화 <모던 타임즈>의 시작 부분에는 컨베이어 벨트 앞에서 하루 종일 오직 나사를 돌리는 일만 하는 노동자가 신경쇠약에 걸려 이상행동을 하는 장면이 나온다. 테일러가 생산성을 극대화하기 위한 방법을 통해 도달하고자 하는 목적은 '행복한 노동자'였는지 모른다. 그러나 그 결과는 그의 기대와는 사뭇 다르게 나타났다. 물론 생산성은 의도했던 것처럼 높아졌지만 말이다.

이제 한 발 떨어져서 육체노동과 같이 기계나 로봇에 의해 대체되는 일은 기계에 떠맡기자고 쿨한 태도를 취할 수 있다. 사실 우리가 기계를 만들어 낸 이유는 육체적으로 고된 노동이라는 짐을 벗어 던지기 위함이다. 라이터와 같이 쉽게 불을 피울 수 있는 도구가 없던 시절에 불을 피우는 일을 생각해보라. TV 예능 프로에 나오듯 초보자들은 불을 피우기 위해 나무 막대기를 몇 시간을 비벼서 겨우 불을 마련한다. 기계적 장치나 도구들은 인간의 고된 노동을 덜어주는 축복이다. 따라서 철강공장의 사례는 인류의 기술문명이 발전하면서 겪어야 하는, 혹은 좀 거창하게 말하자면 인류가 문화적으로 진화하는 과정에서 겪는 홍역 같은 것이다. 육체노동은 이제 기계에게 맡기고 인간은 지적인 작업으로 옮겨가면 된다.

눈치가 빠른 독자는 이미 짐작하겠지만 인류가 이렇게 재빠르게 삶의 태도를 바꾼지 채 몇 십 년이 지나지도 않아서 우리는 지적인 작업에서도 밀려나고 있다. 디지털 테일러리즘이라고 불릴만한 일들이 우리 주변을 채우고 있기 때문이다. 비록 성공적이지는 못했지만 1970년대 말에 개발된 마이신(MYCIN)은 병원의 의료현장에서 사용할 수 있는 전문가 시스템(expert system)이었다.

마이신은 과거의 벽돌쌓기와 같은 동작연구가 아니라 인간이 특정 정보가 주어졌을 때 판단을 내리고 의사결정을 하는 지적인 과정을 분석해서 재현해 놓은 소프트웨어였다. 인간 전문가가 이런 종류의 지식을 갖고 있다고 해 보자. '만약 세균 배양지가 혈약이고, 그램염색이 음성이며 세균 모양이 막대형이고 환자의 통증이 심하다면, 박테리아는 녹농균일 가능성이 높다.' 이런 지식을 벽돌쌓기와 비슷하게 절차적 과정으로 분석해서 질문들을 만들면 이렇게 변한다.

① 배양지는 무엇인가? ② 그램염색 반응은? ③ 세균 형태는? ④ 환자 통증 정도는?

이 프로그램을 운용하는 사람은 그가 세균 전문가가 아니라고 하

더라도 위 질문에 대해 자신이 알고 있는 대답만 해 나가면 '녹농균'이라는 목표에 도달하게 된다.

다시 말해 이미 1970년대나 80년대 초반과 같이 아직 컴퓨터의 성능이 만족스럽지 않았던 시절에도 인간의 지식을 절차적으로 잘 규정해 놓기만 하면 전문가를 '기술적으로 재현'해 놓을 수 있는 방법은 마련된 것이었다. 물론 당시로서는 컴퓨터 프로그램이 인간 전문가들을 따라 잡을만한 역량이 되지는 못했다. 문제가 항상 정답을 맞추기 편하게 주어지는 것은 아니기 때문이다. 하다못해 환자가 통증을 보고할 때 사람마다 느끼는 통증의 정도가 다르기 때문에 어느 정도를 심하다고 이야기 할지는 그때그때 상황마다 다르다. 인간은 이러저러한 상황을 고려해서 유연하게 판단을 해 나간다. 그러나 마이신을 그런 유연성을 갖지 못했다.

또 다른 문제도 있었다. 대개의 전문가 시스템은 구조적으로 추론엔진과 지식베이스로 구성되어 있다. 절차적 단계를 따라 정해진 판단을 내리는 형식적인 과정으로서 추론엔진이야 한 번 잘 정의해 놓으면 크게 보완할 일은 없지만 전문적인 지식의 경우에는 사정이 다르다. 인류가 발견해 내는 과학적 지식과 적용할 수 있는 기술적 정보들은 끊임없이 늘어나기 때문이다. 따라서 전문가 시스템을 효율적으로 운용하기 위해서는 그런 지식과 정보를 끊임없이 업데이트 해 주는 또 다른 사람이 필요하다. 결과적으로 일의 효율성을 높이기 위해 만든 프로그램이지만 가성비가 좋지 않았던 것이다. 그러나 기술의 발전은 언제나 눈앞에 나타난 장벽을 넘는 데서 시작된다. 1980년대의 시련을 넘어 컴퓨터 공학과 데이터 과학 분야는 혁명적으로 발전한다. 마침내 기계가 스스로 학습하면서 적절한 판단을 내리는 알파고나 왓슨과 같은 인공지능이 만들어진 것이다.

첨단 기술을 기반으로 한 전문가 시스템은 확실히 인간의 지적 노동의 노고를 줄여주고 있다. 뿐만 아니라 일정 부분에서는 인간보다도 더 뛰어난 능력을 발휘하고 있어서 많은 사람들이 걱정하듯이 노동 시장에서 인간의 자리를 위협한다. 이미 증권이나 은행 등 금융업계에는 인공지능이 진출하고 있다. 인공지능의 사용으로 인한 증권사나 은행의 구조조정 소식은 결코 새로운 뉴스가 아니다. 서비스 영역에서도 인공지능과 로봇의 결합은 빠르게 진행되고 있다. 의료계나 법률 서비스 분야에서도 인공지능이 활약 중이다. 이제 곧 자율주행차가 일반화되기 시작한다면 노동시장의 변화에 따른 사회적 파장은 가시적으로 드러날 것이다. 완전한 자동화를 목표로 하는 4차산업혁명은 이러한 변화를 상징하는 표현이다. 완전한 자동화에서 인간은 그저 빈거로운 걸림돌이 될지도 모른다.

마치 반복되는 데자뷰처럼 처음 기계가 등장하고 공장이 세워질 때 수많은 노동자들이 일자리를 잃어야 했다. 캐나다 해밀턴의 철강공장 노동자들이 그랬듯이 변화되는 환경에 적응하기는 쉽지 않다. 산업혁명이 일어나고 자본주의가 발달하면서 인류가 겪어야 했던 시련을 칼 폴라니(K. Polanyi)는 영국의 시인 윌리엄 블레이크(W. Blake)의 표현을 빌려 '사탄의 맷돌'이라고 말한 바 있다. 생산방식의 근본적인 변화에 따라 실직의 상태로 내몰려 빈곤의 나락으로 떨어졌던 수많은 사람들의 삶을 사탄의 맷돌에 끌려들어 가야 하는 시대로 묘사한 것이다. 물론 역사의 경험은 비장의 한 수를 예비해 두고 있다. 자동차가 등장하면서 수많은 마부들이 일자리를 잃었지만 결과적으로 자동차라는 새로운 기술은 훨씬 더 많은 직종과 훨씬 더 많은 일자리를 만들어냈기 때문이다. 인공지능, 혹은 인공지능을 탑재한 로봇이라는 새로운 기술이 자동차와 같은 역사를 만들어 낼지도 모른다.

그러나 사정이 그렇게 간단하지만은 않다. 또 그렇게 희망적이지도 않다. 왜냐하면 육체노동을 대신하는 것과 지적이고 정신적인 노동을 대신하는 것에는 커다란 차이가 있기 때문이다. 육체노동을 하지 않는다고 해서 인간의 주체성이 위협받지는 않는다. 육체노동을 하는 기계와 인간 사이의 관계는 '판단하고 시키는 자'와 '주인의 지시를 이행하는 자' 사이의 관계, 즉 독일의 철학자 헤겔의 표현을 빌면 주인과 노예 사이의 관계이기 때문이다. 그런데 만약 인공지능이 판단하고 의사결정을 하고 인간이 인공지능의 판단에 따라 일해야 한다면 어떨까? 주인과 노예의 위치가 바뀌는 것이다. SF 영화에 나오는 이야기 같지만 이미 우리 현실에서 일반화되어 있는 일이다.

다음의 사례를 보자. "우리가 만난 은행에서 부유층 고객을 담당하는 한 직원은 금융위기가 일어나기 이전에 이미 대출액수를 정하는 그의 권한이 줄어든 사연을 들려줬다. 은행은 예전에는 그의 경험과 판단력을 신뢰했으나 갈수록 새로운 감독관이 그를 통제하기 시작했다. 그 감독관은 다음 아닌 컴퓨터 프로그램이었다. 이 소프트웨어는 특정 기준에 맞춰서 대출심사를 자동적으로 진행한다. […] 그는 한때 권위와 존경을 받던 업무를 했으나 이제는 한낱 판매원에 불과하다고 자조했다."[2] 우리 도처에 전문가 시스템들이 산재해 있고, 우리는 그 프로그램들이 시키는 대로 일을 하는 방식에 익숙해져가고 있다. 그래서 우리는 늘 내가 주체적일 수 있는 분야에 대해 갈증을 느끼곤 한다. 인공지능 기술이 발전하면서 인간의 중요한 조건들, 정보를 처리하고 의사결정을 내리는 일들이 기계에 의해, 혹은 기계적 장치들에 의해 재현되고 있다.

---

2) Ph. Brown, H. Lauder, S. Ashton, 『더 많이 공부하면 더 많이 벌게 될까』, 이혜진, 정유진 역, 개마고원, 130쪽

인공지능이라는 기계적 장치가 인간의 의사결정 과정을 재현해 낼 수 있게 된 데는 테일러가 그랬듯이, 혹은 마이신이 그랬듯이 인간의 정보처리 방식과 그에 따른 의사결정 과정을 정밀하게 분석한 뒤 그것을 프로그램에 구현하였기 때문이다. 물론 인공지능이 정말로 '생각'하거나 인간의 감정을 '느끼는' 것은 아니다. 그저 결과적으로 그렇게 보일 뿐이다. 그러나 그렇다고 해서 달라질 것은 없다. 해밀턴의 철강공장 노동자가 항의했던 것처럼 철강 제품이 어떻게 생산되는지 그 전과정에 대해 아무 것도 모르고 그저 기계를 조작하는 것밖에는 모르는 사람이어서 전혀 숙련된 기술자라고 할 수 없음에도 불구하고, 그는 '결과적으로' 더 높은 생산성을 보여줄 수 있기 때문이다.

기계적 사유와 인간의 사유

로봇이 인간의 육체를 대신하고, 인공지능이 인간의 지능을 재현해 내는 데 성공한 것은 기계론적 사고방식의 승리이다. 테일러가 장인의 기술을 갖고 있지 못한 사람으로 하여금 장인의 효율성에 도달할 수 있는 시스템을 개발한 것과 마찬가지로 분석적이고 기계론적 사고방식은 주어진 문제(과제)를 해결하는 좋은 솔루션을 찾아낼 수 있다. 기계론적 사고방식의 장점은 그 절차적 성격에서 온다. 벽돌을 쌓는 과정을 알고리즘화 하고 인간이 정보를 수집하고 판단하는 과정을 알고리즘화 해서, 마이신이 그랬던 것처럼 특정한 절차대로 행동하면 원하는 목표에 도달하게 하는 길을 만드는 것이다.

최근 대학 교육에서 새롭게 각광을 받고 있는 컴퓨터적 사고(computational thinking)나 디자인적 사고(design thinking)의 기저에는 문제를 해결하는 절차적(procedural) 사고가 기저에 깔려 있다. 화이트헤드(A-N. Whitehead)는 이러한 사고방식을 19세기에 등장한 '발명 방법의 발명'이라는 말로 표현한 적이 있다. 통상 인지심리학적 관점에서 문제를 해결해 나가는 절차는 다음과 같다.

문제 발견 → 문제 정의 → 해결책의 고안 및 선택 → 실행 → 평가 및 피드백

물론 개개의 단계는 다시 세부적인 하위과정들로 세분화될 수 있다. 다시 말해 문제를 잘 정의하기 위한 세부적인 절차들을 다시 마련할 수 있고, 해결책이나 문제를 해결하기 위한 아이디어를 떠올리기 위한 세부적이고 방법론적 절차들을 다시 규정할 수 있다. 이러한 일련의 절차적 과정들을 잘 준수함으로써 문제에 봉착한 사람은 자신의 문제를 해결해 나가는 것이다.

컴퓨터적 사고는 복잡한 문제를 컴퓨터로 해결할 수 있도록 재구성하기 위한 방법이다. 먼저 복잡한 문제를 '분해'해서 작은 문제들로 나누고, 문제들 안에서 유사성을 발견하는 '패턴 인식'의 단계를 거친 뒤, 부차적인 문제들은 제외하고 핵심적인 문제를 찾아내는 '추상화'를 거쳐 문제를 잘 정의한다. 이렇게 문제가 잘 정의되면 그 문제를 해결하는 알고리즘을 고안해 내면 된다. 디자인적 사고 역시 사용자의 불편이나 요구를 공감하는 단계가 추가되어 있고 시제품을 만들어 보는 과정들이 추가되어 있지만 원리적으로 절차적인 사고방식이라는 점에서는 크게 다르지 않다. 화이트헤드가 이러한 절차적 사

고방식을 가리켜 '발명방법의 발명'이라고 말한 것은 문제를 해결하는 일반적인 절차, 다시 말해 어떤 종류의 문제도 그 절차대로만 하면 해결해 나갈 수 있다는 믿음을 우회적으로 표현한 것이다.

마이신과 같은 전문가 시스템으로부터 발전한 인공지능 기술은 이러한 절차적 사고에 따른 판단과 의사결정에 있어 최고의 효율성을 보여주는 단계에 이르고 있다. 이제 다시 원래의 문제로 돌아가보자. 인공지능이 판단하는 것과 인간의 사유 사이에는 어떤 차이가 있을까? 만약 우리가 이 물음에 대한 선명한 답을 얻을 수 있다면 무엇이 인간을 인간답게 하는지에 대해서도 실마리를 얻을 수 있을 것이다.

이 문제에 답하기 위해서는 먼저 인간의 사유방식이 갖고 있는 특성을 이해해야 한다. 인공지능이 그 놀라운 효율성에 도달한 것도 결국은 인간의 사유방식을 흉내내는 것부터 시작했기 때문이다. 본래 인공지능을 연구하는 사람들이 오직 인공지능을 만들어내기 위해 연구를 시작했던 것은 아니다. 애초에 인공지능 연구를 시작한 사람들의 목적 중 하나는 인간이 어떻게 사고하는지를 알기 위해서였다. 사실 인간의 머릿속에서 어떤 일이 일어나는지는 인류 문명 전체를 관통하는 하나의 수수께끼였다. 근대 신경생리학이 발전하면서 인간의 많은 정신적 작용들이 뇌와 관련되어 있다는 사실이 밝혀지기는 했지만 그 내밀한 작동과정을 제대로 아는 일은 여전히 수수께끼다. 더욱이 인간을 탐구하는 일은 자연의 대상들을 탐구하는 것과는 다른 어려운 윤리적 문제들에 부딪친다. 요즘에는 생명권에 대한 인식이 높아져서 다른 생명체들을 실험도 많은 규제를 받는다. 하물며 인간에 대해서는 말할 것도 없다.

뇌과학이나 신경생리학적 지식이 없던 과거에 인간이 자신의 의식과 정신세계를 탐구하는 일은 스스로 자신의 의식을 기술(description)

하는 자기 관찰 보고나 타인의 행동을 관찰하고 그것을 기초로 그 사람의 정신상태를 '추론'하는 방식 외에는 별다른 방법이 없었다. 그러나 20세기 들어 신경생리학이 발전하고, 첨단 기술이 발전하면서 뇌를 직접 촬영하는 방식이 발전하면서, 이른바 뇌과학 진영에서 주목할만한 성과들이 나오기 시작한다. 그러나 앞서 말했던 것처럼 인간을 탐구하는 일 자체는 여러 가지 윤리적인 문제들 때문에 제약이 따를 수밖에 없다. 인간의 정신세계를 탐색하기 위해 피실험자의 뇌를 뒤질 수는 없는 노릇이기 때문이다. 따라서 연구자들이 취할 수 있는 또 다른 방법은 인간의 뇌를 '직접' 조작하는 것이 아니라 '간접'적인 방식, 즉 뇌에 해당하는 장치를 만들어서 비교해 보는 것이다.

우리가 무엇인가를 이해하고자 할 때, 그 무엇을 직접 조작할 수 없다면 그와 비슷한 것을 만들어서 원래의 탐구 대상과 비교해 보는 방법을 사용한다. 인간이 하늘을 날 수 있는 방법을 연 개척자였던 오토 릴리엔탈(O. Lilienthal)이 하늘을 나는 인간을 꿈꾸게 된 계기는 멋지게 활강하는 새들을 보았을 때였다. 그는 새의 날개를 모방해서 글라이더를 만들어 창공에 자신이 몸을 띄울 수 있었다. 수많은 실패는 그에게 새가 하늘을 나는 원리를 이해하게 하고, 나아가 인간이 하늘을 나는 방법을 강구하게 한다.

인간의 마음 혹은 지능을 연구하는 것도 마찬가지의 길을 걸었다. 앞서 이야기한 테일러리즘과 연관해서 생각해보자. 인간이 어떻게 정보를 습득하고, 어떻게 의사결정에 이르는지를 면밀히 분석한 뒤 그것을 알고리즘화 해서 기계적 장치에 구현해 놓은 것이 바로 인공지능이다. 이 인공지능이 내놓은 결과가 인간의 생각이나 판단과 유사하다면 그 인공지능이 작동한 방식이 인간의 뇌가 (혹은 은유적으로 말하자면 인간의 마음이나 정신이) 작동하는 방식과 같을 것이라고 추론할 수 있게 된다. 물론 결과가 유사하기 때문에 실제로도 유사할 것이라고 성급하게 추론하는 것은 논리적 오류다. 다시 말해 알파고나 왓슨과 같은 인공지능이 인간의 지적 능력을 재현하기는 하지만 그렇다고 그런 인공지능들이 인간과 똑같이 생각한다고 말할 수 없는 것과 마찬가지다.

그럼에도 결과가 같다는 사실을 평가절하 해서는 안 된다. 마치 테일러의 방법에 의해 전통적인 장인들이 정교한 프로그램에 따라 훈련받은 초보자들에 의해 대체될 수 있는 것처럼, 결과 값이 같다면 그 과정은 중요하지 않을 수 있기 때문이다. 특히 인공지능이 문제를 해결하는 방식의 원초적인 모델이 바로 우리 자신이었다는 점에서 인공지능이 인간의 사유 방식을 객관적으로 재현해 냈다고 말하는 것이 커다란 잘못은 아니다. 그리고 그런 재현과정들을 통해 인간 사유의 본성에 가까이 다가가고 있는 것 또한 사실이다. 어쩌면 오늘날 인류가 인공지능의 사용이 초래할 문제를 고민하고 있는 상황은 인간이 자기 자신에 대해 알고자 노력하는 과정에서 드러난 부산물인지도 모른다.

인공지능은 주어진 문제를 해결하는 사고과정을 재현한 도구이다. 다시 말해 문제, 혹은 과제가 주어져야 작동하는 사고과정이다. 그에 반해 인간의 사고과정은 과제가 주어져야 비로소 작동하는 것이 아니다. 해야 할 일이 없어 괜히 웹서핑을 하는 인공지능은 없다. 적어도 현재로서는 그렇다. 그것은 '아직' 인공지능이 생명이 없고, 그 생명을 유지시키는 장치 중 하나인 욕망과 의지가 없는, 그저 기계이기 때문이다. 인간의 사유에는 욕망과 의지가 매개되어 있다. 때때로 이런 욕망과 의지가 인간으로 하여금 잘못된 판단을 내리게도 하지만 인류가 학문과 기술을 발전시킬 수 있었던 원동력이기도 하다. 릴리엔탈의 욕망과 의지는 그 많은 실패에도 불구하고, 또 그토록 많은 위협에도 불구하고 마침내 인류를 하늘 위로 날아오를 수 있게 해주었다.

인류의 문명을 발전시킨 인간의 욕망과 의지는 인간의 사고과정에서 두 개의 구동축에 영향을 미친다. 그 하나는 알고자 하는 것이고, 다른 하나는 그렇게 알게 된 것을 현실에 구현하고자 하는 것이다. 하나가 이론적인 것이라면, 다른 하나는 적용이나 응용과 관련이 있다. 어원으로 보면 이론(theory)이라는 말은 '본다(theorein)'는 말과 관련이 있다. 지식을 갖는다는 것은 문제가 되고 있는 현상의 이면에서 작동하고 있는 원리를 '보는' 것이다. 우리가 경험하고 있는 감각적 지각에 의지한다면 태양이 지구를 돌아야지 지구가 태양을 돌 수는 없다.

이러한 이론적 작업을 '발견적 사유과정'이라고 부를 수 있을 것이다. 이러한 발견적 사유과정은 어린 아이들의 놀이에서도 확인할 수 있다. 어린 친구들이 장난감을 가지고 놀 때, 그 장난감은 때로는 가구도 되었다가 또 때로는 마법의 도구가 되기도 하는 등 무한히 변신할 수 있다. 놀이는 주어진 대상의 의미를 자유롭게 변주시키는 인간의 지적 작용이다. 주어진 것에서 다른 의미를 읽어내는 것은 과거의 데이터들에 의존하지 않는다. 과거에 그것이 어떻게 사용되었건 간에 새로운 의미부여가 가능하고, 그에 따라 새로운 쓰임새를 발견할 수 있게 된다.

놀이에서도 찾아볼 수 있는 이러한 사유방식을 일반화 하면 "주어진 것의 존재적 타당성을 무력화" 하는 일이라고 말할 수 있다. 만약 우리가 우리의 감각에만 집중해서 세상을 바라본다면 그 감각에 감추어져 보이지 않는 것은 결코 볼 수 없을 것이다. 인류는 어느 순간부터 감각적으로 주어진 현상의 이면에서 작동하는, 하지만 '감각의 눈'으로는 보이지 않던 것들을 보기 시작했고, 그것이 세상을 움직여 가는 원리라는 것을 파악하게 되었다. 이러한 발견적 사유는 인간의 사유에서 가장 중요한 한 축을 담당하고 있다.

또 다른 축은 그렇게 발견한 것들을 현실에 구현(적용)하는 사유이다. 릴리엔탈은 먼 거리를 비행하는 새들의 날개에서 활강의 원리를 발견한다. 그리고 그 활강의 원리를 현실에 구현할 방법을 모색한다. 그 결과가 말하자면 글라이더이다. 도구를 제작하는 사유, 요즘의 표현으로 하자면 기술(technology)적 사유, 혹은 발명의 사유는 이론적 사유를 통해 발견한 원리를 현실에 구현하고자 한다. 그런데 그런 원리들을 현실에서 사용하려면 주어진 현실의 조건과 타협하지 않을 수 없다. 그 타협은 인간의 결핍을 보상하는 것이자 문제를 해결하는 우회로를 찾아내는 것이다. 인간이 날개를 갖고 있지 않는 한, 새처럼 하늘을 날 수는 없기 때문에 날개의 역할을 하는 것을 만드는 것이다. 인류가 처한 현실적 조건들과 인류가 발견한 원리들 사이에는 늘 커다란 간격이 있고, 이 간격을 메워 가능한 방식으로 같은 결과값을 내도록 하는 것이 바로 구현의 사유이다.

발견의 사유가 주어진 현실적 조건들의 타당성을 의심하는 반면 구현의 사유는 주어진 조건들을 중시한다. 이론과학을 하는 사람들이 관념적이고 원리적인 것들을 중시하는 성향이 강한데 반해, 응용과학을 하는 사람들이 현실적 조건들을 중시하는 경우가 많은 것은 오랫동안 자신의 전공분야에서 사용하는 사유방식에 익숙해졌기 때문이다.

발견과 구현의 사유 작용은 현실의 문제들을 해결해 나갔던 인간 사유의 중요한 구동축들이다. 물론 이 둘은 서로 배타적이지 않으며 뒤섞여 있다. 그리고 화이트헤드가 19세기를 회고하며 '발명방법의 발명'이라고 말했던 것처럼 끊임없이 서로 상호작용을 한다. 인류가 질병으로 고생하는 원인이 악마의 저주 때문이 아니라 인간의 눈으로 확인할 수 없는 '그 어떤 실체'라고 '발견'된 후, 인류는 그 작은 실체들을 보기 위한 현미경을 발명했으며, 이렇게 발명된 현미경은 다시금 인류에게 새로운 세상을 '발견'하게 해 주었다. 이처럼 발견하고 발명하는 사유는 상호 간의 작용을 고무하며 인류 문명을 발전시켜왔다.

인간이 갖고 있는 두 유형의 사유 방식에 기초해서 앞서 던졌던 문제, 인공지능의 판단과 인간의 사유 사이의 차이를 다시 생각해보자. 그리고 그 차이를 매개로 '인간다움'의 문제를 다시 생각해보자. 인공지능은 앞서 말한 것처럼 '적어도 현재까지는' 발견적 사유보다는 구현적 사유에 기초해 있는 도구이다. 먼저 인공지능은 과제가 주어져야 작동한다. 인공지능을 제작할 때도 그랬고, 또 인공지능이 주어진 과제를 해결하기 위해 정책적 판단을 내리는 것도 그렇고 늘 과제로 주어진 목표치가 있다. 그 목표에 도달하기 위해 광범위한 데이터들을 학습하고 추론하는 것이다. 이는 인간이 발견적 사유에 의해 알게된 그 무엇을 현실에 구현하기 위해 궁리를 하는 것과 마찬가지다. 현실에 구현하고자 하는 목표가 설정되면 현실의 조건들을 조사하고 그 중에서 가장 효율적인 방식을 선택한다. 철학에서는 이를 '도구적 합리성'이라고 말한다. 인공지능의 사유는 이 도구적 합리성의 극단에 다가가고 있다.

두 번째로 인공지능은 과제를 해결하기 위해 사용하는 데이터들을 의심하지 않는다. 물론 거짓된 데이터들이나 잘못된 데이터를 의심하지 않는다는 것이 아니다. 오히려 잘못된 데이터를 가려내기 위한 매우 조심스럽고 주의 깊은 기법들이 구현될 수 있다. 하지만 데이터 자체에 대해 원리적인 의심을 하지는 않는다. 믿을만한 데이터들이 확보되었다면 그것을 토대로 판단을 내리는 것이다. 반면 이론과학적 사유는 그 '믿을만한'이라는 수식어 자체의 타당성을 의심할 수 있다.

근대 방법론적 사유의 길을 연 데카르트(R. Descartes)를 생각해보자. 그는 명백한 감각적 현실, 심지어 수학적 사유까지도 의심할 수 있다고 가정하였다. 그렇게 해서 도저히 의심할 수 없는 원리로 '생각한다, 그러므로 존재한다(cogito ergo sum).'라는 원리에 도달할 수 있었다. 이러한 방법론적 의심은 새로운 가능성의 세계를 연다. 이러한 의심은 사물이나 현상의 의미에 대한 새로운 가능성들을 찾아낸다. 우리가 현실적 조건들을 그저 수동적으로 받아들이기만 한다면 현실은 부인할 수 없는 거대한 힘으로 다가온다. 그러나 그 현실적 조건들을 '달리 될 수도 있었다'라는 가능성에서 보면 주어진 현실이나 혹은 더 나아가 미래 역시 유동적으로 변하게 되고, 따라서 다른 가능성들을 생각해 볼 수 있게 된다.

주어진 현실이라는 '한계 내에서' 가능성을 생각해 보는 것은 구현적 사유, 혹은 공학적 사유의 특성이다. 현실적 조건을 고려하지 않고 뭔가를 만들어낼 수는 없는 노릇이기 때문이다. 반면 주어진 현실의 의미를 근본적으로 의심하고 새로운 가능성을 모색하는 것은 이론적인, 그리고 인문학적 사유의 특성이다.[3] 인문학적 사유의 전형적

3) 인문학을 이론과학적 사유의 대표적인 양식으로 든 까닭은 여러 이유가 있다. 우리의 통상적인 믿음에서는 인문학과 자연과학은 다르다. 탐구의 대상도 다르고 탐구 방식도 사뭇 다르다. 그럼에도 불구하고 둘 사이에는 명백한 공통점이 있다. 발견적 사유 양식이 지배적이라는 점에서 그렇다. 비록 자연과학에서 이론이나 가설을 검증하기 위해 실험을 계획하는 일은 구현적이고 공학적인 사유지만(앞서 말한 것처럼 발견적 사유와 구현적 사유는 늘 상호작용하므

인 방법인 비판적(critical) 태도는 주어진 현실의 타당성의 효력을 잠시 중지시킴으로써(일상에서 우리는 이를 "이제까지 당연하다고 생각하던 것을 달리 생각해보자!"라는 말로 사용한다) 새로운 가능성들에 대한 감식안을 깨운다.

인공지능과 인간이 각각 미래를 예측하는 일을 한다고 해보자. 인공지능은 이제까지 인류가 걸어 온 역사에 대한 광범위하고 조심스러운 조사를 통해서 인류의 미래가 이렇게 될 것이라고 예측할 수 있다. 이른바 '트렌드'를 예측하는 것이다. 그러나 인간은 그런 인공지능의 예측을 듣자마자 다른 예측을 내 놓을 수 있다. 인공지능의 예측이 부정적인 것이라면 더욱 그렇다. 무엇보다 인간은 자신의 삶 앞에 놓여 있는 미래에 대해 '꿈'을 갖고 있고, 그 꿈을 실현하기 위해 행위를 선택할 수 있다. 그러나 엄밀히 말해서 그 '꿈'은 현실의 '데이터'로는 존재하지 않는 것이다. 인공지능이 인류의 과거에 대한 조사를 통해서 릴리엔탈이 하늘을 날 수 있을 것이라고 예측할 수 있었을까? 원칙적으로 미래는 데이터로 주어지지 않는 대상이다. 우리가 미래에 대한 데이터들을 갖고 있고, 수많은 정책들의 중요한 자료이기는 하지만 그것은 '현실'이 아니라 '가정'이다. 현실을 살고 있는 인간들이 어떤 선택을 하느냐에 따라 미래는 달라진다. 인공지능이 (과거) 데이터 분석을 토대로 미래를 예측하는 것은 그 과거의 트렌드가 변하지 않을 것이라는, 또 선택의 주체로서 인류가 변하지 않을 것이라는 가정 아래서 행해진 예측이다. 그런 인공지능의 예측이 옳을지, 혹은 그를지를 결정하는 것은 바로 우리의 선택이다.

로) 전체적인 경향에서 보면 인문학이나 자연과학은 동류이다. 구현적 사유가 더 중요한 영역은 기술이나 예술 그리고 공학적인 분야이다. 이에 관한 좀 더 상세한 설명은 박승억, 『렌즈와 컴퍼스』, 로고폴리스, 2017. 참조

인문학적 사유의 힘: 비판 정신과 주체성

인공지능이 인간의 합리적 판단을 재현하고, 테일러가 장인의 기술을 절차적 과정의 훈련을 통해 재현해 낼 수 있었던 것은 문제가 되고 있는 어떤 '능력'을 잘게 나누어 분석하고, 그 요소들을 재현해 낼 방법을 찾아냈기 때문이다. 이러한 방법은 환원주의적이고 기계론적이다. 어떤 전체를 부분들로 환원하고, 그 부분들이 각각 자신이 맡은 기능을 잘 수행한다면 전체적으로 동일한 효과를 낸다고 보는 것이다. 이러한 사고방식이 잘 적용되는 영역이 있다. 기계적인 방식으로 움직이는 시스템들이 그렇다. 그런 시스템이 잘 작동하기 위해서는 시스템의 목적이나 과제가 선명하게 정의되어야 한다.

반면 이런 환원주의적이고 기계론적 방식이 잘 적용되지 않는 영역도 있다. 생명의 문제 혹은 생태계가 작동하는 방식처럼 각각의 요소들이 단지 자신이 맡은 기능이나 역할 외에 다른 요소들에게도 중요한 영향을 미치는 시스템의 경우에는 기계론적 방식보다는 전체론적 사유 방식이 필요하다. 예를 들어 환원주의적이고 기계론적 사고방식에 입각해서 인간의 몸을 생각해보자. 몸에 암과 같은 악성 종양이 생겼다면, 그 종양을 제거하면 된다. 종양을 제거하기 위해 방사선 치료를 하거나 약물을 투여한다. 목표가 종양제거라면 그러한 조치를 통해서 종양을 제거할 수 있다. 그러나 그 과정에서 종양만이 아니라 다른 세포들이 영향을 입게 된다면 우리는 치료 과정에서 다른 부작용을 만나야 한다. 기계론적 관점에서는 (종양을 제거한다는) 목표를 달성했지만, 전체론적 관점에서는 실패한 사례가 된다. 의료지식이 많지 않았던 중세시대 매독을 치료하기 위해 수은을 섭취한 경우가 많았다. 매독은 치료되었지만 수은중독을 피할 수 없었던 것과 마찬가지다. 근대 과학 기술에 대한 비판자들은 근대 과학 기술이 지나치게 환원주의적이고 기계론적이었다고 비판한다. 그런 사고 방식 때문에 오늘날의 환경 문제나 생태계 파괴의 문제들이 초래되었다고 보는 것이다.

인간을 위한다는 휴머니즘이 인간 외의 환경 대상을 그저 도구로만 생각하게 하였고 결과적으로 그 환경이 망가지자 인간 자신을 위협하는, 그래서 인간을 위한 일이 인간을 위협하는 결과가 되고 말았다는 것이다. 이러한 역설은 인공지능에 대해서도 똑같이 말할 수 있다. 인간을 이해하고자 만든 도구가 인간의 특정 역할을 대신할 수 있게 되었지만(인간을 위한 일이었지만) 결과적으로 인간의 자리를 위협하게 된 것이다.

물론 이런 저간의 사정에 기대서 기계론적이고 환원주의적 사고방식의 탁월함을 폄훼할 수는 없다. 오히려 냉정하게 현실을 직시하는 것이 중요하다. 앞으로 인공지능, 혹은 인공지능을 탑재한 로봇과 함께 살아가야 한다는 것은 현실이 될 것이다. 그런 현실에서 주목해야 할 것은 그저 그런 대상들을 부인하는 것이 아니라 어떻게 함께 잘 살아갈 것인가를 고민해야 한다. 인공지능을 비롯한 오늘날의 첨단 기술 대부분이 기계론적이고 환원주의적 사고에 기초해 있다면, 그에 대한 균형을 맞추기 위해서는 전체론적이고 유기체적 사고방식 또한 강조되어야 한다. 이렇게 균형을 맞추는 일은 여러 가지 형태로 말해질 수 있다. 구현적(공학적) 사고방식과 함께 발견적(인문학적) 사고가 균형을 맞추어야 하고, 목적을 달성하기 위한 도구적 합리성의 사고와 그런 목적 자체를 비판적으로 성찰할 수 있는 사고가 함께 균형을 맞추어야 한다. 그렇다면 이제 이렇게 물어야 한다. 우리는 이러한 균형을 잘 유지하고 있을까? 만약 그렇지 않다면 그런 균형의 회복하는 일이야 말로 앞으로 인류가 주목해야 할 일이 될 것이다.

철학자 헤겔은 주인과 노예의 변증법에 관해 말하면서 주인이 노예에 대한 의존도가 높아질수록 어느 순간엔가는 주인과 노예의 위치가 바뀌게 됨을 말한다. 처음에는 주인이 의사결정을 하고 노예가 주인의 명령을 따르지만 시간이 지나서 노예에 대한 주인의 의존도가 높아지면 주인이 할 수 있는 일은 점점 더 없어지고 종국에는 노예가 주체적이게 되고 주인은 의존적으로 변하고 만다는 것이다. 혹시 우리가 이런 처지에 빠져들고 있는 것은 아닐까?

디지털 기술 개발의 선두주자였던 사람들은 그런 걱정을 노골적으로 말하고 있다. 정보과학의 영향력에 대한 주의 깊은 분석자인 니콜라스 카(Ni. Carr)가 유명세를 얻은 글의 제목은 "구글은 우리를 멍청하게 만드는가?(Is Google Making Us Stupid?)"(2008, The Atlantic)이었다. 그리고 2010년에는 과도한 인터넷 사용이 우리의 뇌를 변화시킨다는 주장을 담은 책(*The Shallow: What the Internet Doing to our Brain*, 우리나라에서는 『생각하지 않는 사람들』이라는 제목으로 번역되었다.)을 내기도 했다. 가상현실 기술 개발과 웹 기술 개빌의 선두주자 중 한 명이었던 재론 레이니어(J. Lanier) 역시 인터넷과 같은 디지털 기술이 많은 혜택을 가져다주고 있지만 때로는 그 과도한 정보량이 사람들로 하여금 점점 더 정보 과부하 상태로 몰고 가고 있다고 말한다. 정보 과부하의 상태가 되면 판단내리기가 점점 더 어려워진다. 그러면 우리는 다시금 우리보다 더 정확하게 판단하는 존재, 말하자면 인공지능에게 의존할 가능성이 높다.

기술에 대한 사회적 의존도가 높아질수록, 우리는 점점 더 삶의 주체성을 상실할 위험이 크다. 그래서 인간을 위한 것이 도리어 인간의 주체성을 위협하는 악순환은 계속될 가능성이 크다. 그래서 더더욱 균형을 회복하는 일이 필요하다. 이 균형은 우리에게 다가오고 있는 현실의 의미에 대해 끊임없이 비판적으로 성찰하고, 자신과 나아가 인간의 삶 자체에 대해 성찰하는 인문학적 사유를 통해 가능하다. 인문학적 사유의 힘은 그저 주어진 현실을 그냥 받아들이는 것이 아니라, 끊임없이 그 현실의 타당성에 대해 물음을 던지는 일에서 시작된다. 현실의 의미는 고정되어 있지 않다. 어떻게 물음을 던지느냐에 따라 현실은 다른 답변을 내 놓는다. 그렇기 때문에 같은 현실에 대해 서로 다른 판단이 가능하다. 그리고 그 다름이야말로 시스템 전체의 균형을 유지하게 해 주는 추의 역할을 할 수 있다.

물음을 던지는 일, 당연해 보이는 것에 물음을 던지고 다른 가능성을 찾아내는 일, 이것이야 말로 인공지능의 시대에 이런저런 이유로 인간에게 요구되는 '창의적 사고'의 출발점이자, 인간다움의 조건으로서 주체성에 대한 의식이다. 그리고 같은 의미에서 인문학적 사유의 힘이다.

인공지능 시대에 인간의 위상

박중목 (명지대학교 정년 퇴임 후 현재 명지대학교 강의)

I

오늘날 정치, 경제, 문화, 사회 등 모든 영역에서 화두로 삼고 있는 주제가 제4차 산업혁명이다. 그리고 제4차 산업의 발전을 통해야만 우리사회가 글로벌시대에 살아남을 수 있는 것처럼 매일 매스컴에서 외치고 있다. 본격적으로 제4차 산업혁명이 우리나라의 매스컴에 회자되기는 2016년 스위스 다보스에서 열린 세계경제포럼(WEF)이 '제4차 산업혁명의 이해(Mastering the Fourth Industrial Revolution)'를 주요 의제로 설정하고 난 이후이다.

사실 제4차 산업혁명이라는 용어는 앞서 독일이 2010년 발표한 '하이테크 전략 2020'의 10대 프로젝트 중 하나인 '인더스트리 4.0(Industry 4.0)'에서 '제조업과 정보통신의 융합'을 뜻하는 의미로 먼저 사용됐다. 이후 세계경제포럼에서 제4차 산업혁명을 의제로 설정하면서 전 세계적으로 주요 화두로 등장하게 되었으며, 포럼 이후 세계의 많은 미래학자와 연구기관에서 제4차 산업혁명과 이에 따른 산업·사회 변화를 논의히기 시작했다.

제4차 산업혁명은 '초연결성(Hyper-Connected)', '초지능화(Hyper-Intelligent)'의 특성을 가지고 있으며 또한 사물인터넷(IoT), 클라우드, 등 정보통신기술(ICT)을 통해 인간과 인간, 사물과 사물, 인간과 사물이 상호 연결되고 이와 더불어 빅데이터와 인공지능 등으로 보다 지능화된 사회를 구축하는 것이다. 미래학자들은 제4차 산업혁명이 가지고 있는 이런 특성들이 지금까지 우리가 살아왔고 일하고 있던 삶의 방식을 근본적으로 바꿀 것이고 이것의 규모와 범위, 복잡성 등은 이전에 인류가 경험했던 것과는 상상조차 할 수 없을 만큼 전혀 다를 것이라 보고 있으며 그리고 엄청난 변화가 가져다 줄 삶의 질은 혁신적으로 향상 될 것이라고 전망한다. 그런 까닭에 우리는 한결같이 제4차 산업혁명이 앞으로 우리가 나아가야할 방향이라고 부르짖으며 산업혁명에 매진할 것을 촉구하고 있다.

그러나 앞에서 언급한 융합성과 초연결성 그리고 급속한 초지능화는 생명과 기계와의 경계를 모호하게 만들고 이전에는 정보 생산의 주체가 항상 인간이었는데 앞으로는 진화된 기계나 소프트웨어에 의해서 계속 정보가 생산될 것이다. 이는 인간의 주체성과 능동성을 상실케 하는 문제를 불러일으키고 또한 인간을 보는 관점을 다르게 할 수 있는 문제점도 가지고 있다. 지금까지 제4차 산업혁명이라는 용어는 주로 자연 과학의 기술적인 관점이나 경영적인 관점에서 사용되어 왔기에 새로운 일자리 창출이나 새로운 기계의 생산이나 새로운 경영구조 등에 대하여 논의하여 왔다.

그러나 필자는 인간과 기계의 경계를 모호하게 만들고 또한 인간의 주체성에 위협을 가하는 인공지능(Artifical Intelligence)의 발전에 초점을 맞추어서 인공지능시대에 인간과 인공지능은 과연 서로 어떤 관계를 맺고 있으며 또한 어떤 위상을 갖고 있을지를 논의할 것이다. 이를 위해 우선 인공지능이 지금 어느 정도의 수준으로 발전했으며 앞으로 어디까지 발전할 수 있는지를 살펴보고 그런 후 지금 현재 인공지능이 인간과 어떤 관계를 맺고 있는지 정확하게 진단해보고 만일 이 관계맺음 속에서 인간의 위상에 어떤 문제점이 발생한다면 이 문제의 원인이 무엇인지 그리고 이 문제를 어떻게 해결해야 할지도 함께 숙고할 것이다.

II

2016년에 벌어진 이세돌과 알파고의 바둑대결은 인공지능에 대한 관심을 최고조로 끌어 올렸다. 바둑 전문가들은 인공지능이 제아무리 급속하게 발전한다고 하더라도 경우의 수가 한정되어 있는 체스와는 달리 다양하고 무궁한 경우의 수를 가진 바둑에서만은 아직 전문기사를 이길 수 없다고 보았다. 그런데 예상을 뒤엎고 인공지능인 알파고가 이세돌에게 완전한 승리를 거두었고 그 후 알파고는 그의 능력을 한 단계 도약하면서 바둑계의 세계1위인 커제까지 단숨에 승리함으로서 세상을 놀라게 했다.

그러나 무엇보다 TV에 중계된 대국현장의 모습이 필자를 당혹스럽게 했다. 화면에는 알파고를 만든 구글사의 관계자, 알파고와 대결하는 이세돌 그리고 알파고의 명령에 따라 바둑을 두고 있는 아자황의 모습이 비치고 있었다. 이 모습이 당혹스러운 까닭은 미래의 인공지능시대에 인간의 위상, 즉 알파고를 만든 주인으로서의 인간과 알파고와 대결하는 인간 그리고 알파고의 명령에 종속되어 기계처럼 움직이는 인간의 위상을 미리 보여주고 있는 것처럼 보였기 때문이다. 그렇다면 지금의 인공지능이 과연 어느 수준까지 발전하여 왔기에 바둑대결에서 세계 최고의 기사를 꺾고 승리를 했으며 그리고 앞으로 어느 수준까지 발전하여 인류의 삶에 어떤 영향을 끼칠 것인가.

인공지능을 간단하게 한마디로 정의하면 '인간지능을 가진 기계'이다. 이때 인간이 가지고 있는 지능이란 '인식, 판단, 추론, 학습 및 문제해결 따위의 능력'을 말한다. 인공지능이란 용어는 1956년 미국의 다트머스(Dartmouth)대학에서 열린 학술대회의 주제인 「인공지능에 대한 연구회의」로부터 비롯되었다. 이 학술대회에서 매카시(J. McCarthy)를 비롯한 민스키(M. Minsky), 뉴웰(A. Newell), 사이먼(H. Simon) 등이 프로그래밍 언어를 개발하면서 본격적인 인공지능시대가 시작되었다. 초기단계에서는 수학적 정리를 자동적으로 증명하는 프로그램으로서 주로 물리적 기호체계가설 및 추론과 논리에 초점을 맞추었다. 그러나 인공지능이 지니고 있는 능력의 한계와 재정적 지원문제로 여러 차례(3차례) 침체기와 번영기를 맞이하다가 2000년에 접어들면서 여태까지와는 완연하게 다른 고도의 능력을 지닌 인공지능이 출현하게 되었다.

오늘날 세 번째 번영기를 맞이하여 출현한 인공지능은 지금까지의 인공지능과는 완전히 다르게 복잡하고 다층적인 인공 신경망 네트워크를 갖추고 있으며 또한 스스로 학습할 수 있는 능력, 즉 딥러닝의 능력을 가졌다. 딥러닝(deep learning)은 인간만이 가지고 있다는 자립성과 창의성을 지니고 있다. 우리는 다른 동물과 달리 인간의 고유한 특성을 바로 창의성과 자립성으로 꼽는다. 그런데 인공지능이 딥러닝의 능력을 가짐으로써 인간과 같은 능력을 가지게 된 것이다. 이로 인해 지금까지 생산된 기술과 그 제품들은 항상 인간의 삶을 편안하고 유용하고 안락하게 하는 도구로서의 기능만을 해왔지만 창의성과 자립성을 가지게 된 인공지능은 인간의 삶을 풍요롭게 하는 도구의 기능만을 할 것인지 염려하지 않을 수 없게 되었다.

더욱이 우리를 걱정스럽게 만드는 것은 제4차 산업혁명을 맞이하여 앞으로 첨단과학기술의 영역, 즉 나노(Nano), 바이오(Bio), 인포(Info), 인지과학(Cogno)이 - 이를 통칭 'NBIC'라 부른다. -기하급수적인 속도로 발전하여 이들이 서로 수렴하면서 급격한 변곡이 일어나서 기술발전이 폭발적으로 비약한다는 점이다. 이 수렴지점을 물리학이나 수학의 특이점에 비유하면서 커즈와일(R. Kurzweil)은 특이점(Singularity)이 2045년에 도래할 것이라고 예상한다. 물론 특이점에 대한 비판과 이 시기와 연관하여 반론도 많지만 특이점이 도래할 수 있음을 완전히 부정할 수는 없다. 현재 인간의 인식이 생물학적 몸의 의존성을 벗어날 수 없다고 해도 특이점을 추종하는 사람들은 오늘날과 같은 기술발전의 추세로는 언젠가 이를 극복할 가능성이 있다고까지 주장한다. 이런 발전이 실질적으로 구현될 수 있다는 것을 현재 IT와 BT의 융합으로 출현하고 있는 인공생명(Artifical Life)기술이 뒷받침하고 있다. 이로서 미래사회는 인공지능시대에서 인공생명시대로 전개될 가능성이 있다. 이러한 예측 때문에 우리는 재차 인공지능시대 내지 인공생명시대에 있어서 인간의 위상을 논하지 않을 수 없다.

우선 인공지능과 인간과의 위상을 살펴보기 전에 우리는 지금 인공지능을 어떻게 활용하고 있는지를 인공지능의 구분을 토대로 논하고자 한다. 일반적으로 인공지능은 약함과 강함의 기준으로 둘로 구분된다. 물론 약한 인공지능(weak AI)과 강한 인공지능(strong AI)의 구분 내지 분류는 여러 형태로 변주되면서 적지 않은 모호성을 띤다. 그럼에도 불구하고 그 구별은 인공지능의 능력을 설명하고 또 그것을 인간지능과 구별하는 기준으로 널리 사용되고 있다. 이 기준에 따르면 약한 인공지능은 정의된 규칙의 모음이나 알고리즘을 이용해서 인간의 지능을 모방한 것으로서 우리가 통상 일컫는 실질적인 인간지능을 가지고 있지 못하지만 특수한 영역에서는 지능적 행동을 하거나 작업을 수행한다. 특히 특정분야나 영역에서는 인간에 못지않게 또는 인간보다 월등한 재능을 갖고 있다. 그 대표적인 것이 전문서비스 인공지능이다. 약한 인공지능은 오늘날 인간의 사소한 일상생활 영역뿐만 사회전반의 모든 영역에서 활용되고 있다. 예로 든다면 사물인터넷을 활용한 냉장고나 청소기 등과 같은 가정생활용품, 의료용 인공지능(의사 왓슨), 군사용 로봇, 산업용 로봇 그리고 여가선용용 로봇과 같이 이루 말할 수 없이 많다. 자동차 산업의 핵으로 떠오르는 자율주행자동차와 앞에서 언급된 알파고도 약한 인공지능에 해당된다. 그러나 약한 인공지능은 인간처럼 포괄적이고 복합적인 영역에서 행동하지는 못한다.

이에 반하여 강한 인공지능은 인간 지능의 모든 국면을 포괄하는 인공적인 일반지능(General intelligence)을 말한다. 이때 인공적 일반지능은 인간처럼 복합적이고 인간과 같은 수준으로 다양하게 생각하고 행동하고 느끼는 수준을 의미한다. 강한 인공지능의 구분핵심은 어찌하였던 인간처럼 생각하고 행동하고 느끼는 데 있다. 그러나 지금 현재의 과학기술수준에서 볼 때 강한 인공지능의 수준은 초보단계이다. 이에 해당하는 인공지능은 '인공지능 소피아'와 '간호용 로봇 에리카'라고 할 수 있다.

지금까지 일반적으로 구분되고 있는 약한 인공지능과 강한 인공지능에서 우리가 간과하고 있는 것이 인간지능의 한계를 뛰어 넘는 그야말로 초인간적인 능력을 지닌 인공지능이다. 오늘날 우리는 이와 같은 인공지능을 '트랜스휴먼' 내지 '포스트휴먼'이라고 말한다. 앞에서 언급된 약한 인공지능과 강한 인공지능은 인간 지능 내에 한에서 구분했다면 트랜스휴먼은 인간 이상의 또는 인간을 초월한 능력을 가진 새로운 종(種)으로서의 인공지능이다. 커즈와일과 같이 특이점을 주장하는 특이점주의자들은 변곡점에서 강력한 인공지능이 출현할 것이라고 예견한다. 그들은 과학기술의 발전을 통해 인간 개조 과정이 급속도로 진행되면 상상을 초월할 정도로 현재 인간의 성능을 능가하는 '인간이후', 즉 '포스트휴먼'의 존재자가 출현할 것이라고 전망하고 있다. 이는 인류에게 어떤 결과를 가져다줄지 모르지만 상당히 위협적이다.

지금까지 우리는 인공지능의 활용영역이 모든 분야에 펼쳐져 있고 또한 우리의 삶에 막강한 영향을 끼치고 있음을 그리고 인공지능은 약한 인공지능과 강한 인공지능으로 구분되고 그리고 미래에 인간과는 완전히 다른 트랜스휴먼 내지 포스트휴먼까지 등장할 것임을 살펴보았다. 이를 통해 우리는 인공지능이 인류에게 풍요로움과 안락함을 제공해주는 것은 확실하나 반면에 인류를 위협하는 수준까지 발전될 가능성을 갖고 있음을 알 수 있다. 그렇다면 우리는 비록 인류에게 물질적인 풍요함과 육체적 안락함을 부여하고 있지만 인류전체를 위협할 수 있을지도 모르는 기술을 왜 계발할 수밖에 없는지 묻지 않을 수 없다. 인공지능도 인간이 만든 기술이다. 인공지능시대에 인간의 위상을 명확하게 규명하기 위해 기술이 본래 가지고 있는 속성을 살펴보아야 할 것이다. 왜냐하면 기술이 지닌 근원적인 속성에 비추어보아야 기술로 인해 발생할 수밖에 없는 인간의 다양한 위상이 규명될 수 있기 때문이다.

III

기술에 대한 철학적 담론은 매우 다양하다. 여기에서는 단지 기술에 대한 일반적인 관점을 중심으로 기술의 본질을 살펴보고자 한다. 기술에 대하여 우리는 일반적으로 두 가지 관점을 가지고 있다. 그 하나는 기술은 우리에게 유용하고 실용적인 가치를 가져다주는 '도구나 능력'이다. 이런 견해는 기술에 대한 '도구주의적 관점'과 직결된다. 이런 관점을 가진 사람들은 기술낙관론의 형태를 띠면서 기술의 진보에서 비롯되는 생산력 향상과 물질적 부가가치의 창출에 만족해하고 더욱 더 기술혁신에 매진해야 한다고 생각한다. 오늘날 제4차 산업혁명을 외치며 이것이 앞으로 인류가 지향해야 할 방향으로 보고 있는 관점도 이와 맥을 같이 한다. 기술의 진보에 대한 낙관론은 현대 사회에서 지배적이다.

겔렌(A. Gehlen)에 의하면 기술은 결핍 존재로서의 인간이 자신의 생존을 위해 필수적으로 만드는 생존도구이다. 인간은 기술 없이 생존할 수 없다는 차원에서 기술의 본질과 필연성을 설명한다. 물론 그는 기술을 단순한 도구나 생존능력에 한정하지 않고 더 나아가 인간의 자기인식을 가능하게 해주는 보다 더 심층적인 차원까지 논의한다. 그러나 기술은 인간생존을 위한 필연적인 도구인 것만은 확실하다.

다른 하나는 이와 달리 기술의 전개 과정에서 우리가 진정 주인으로 존재하는지에 대해 의문을 던진다. 또한 기술이 우리 인간의 삶을 돌이킬 수 없는 잘못된 방향으로 몰아가고 있는 것은 아닌지 묻기도 한다. 기술이 인간의 의지와 무관하게 자기재생산적인 '자율체계'로 존재하면서 인간을 통제하는 주인의 위치에 서게 될지도 모른다는 불안을 말하기도 한다. 이런 견해는 기술에 대한 '자율성 이론'과 직결된다. 기술에 대한 염려와 두려움을 철학적으로 표현한 대표적인 사례는 도구적 이성의 신화적 지배를 비판했던 호르크하이머(M. Horkheimer)와 아도르노(T.W. Adorno)이며 존재론적 기술론을 전개한 하이데거(H. Heidegger)이다.

하이데거에 따르면 기술은 단순히 인간의 도구라는 차원을 넘어서 존재자들을 드러내는 방식이라고 본다. 이를 하이데거의 용어를 빌려서 표현하면 존재자들을 탈은폐하는(entbergen) 하나의 방식이다. 하이데거의 존재론적인 기술의 관점에서 볼 때 그리스인은 기술을 존재자 전체가 자신을 자신으로부터 개현하는 것으로 이해하고 있다. 그러나 근대기술은 존재자 자체의 고유한 존재를 무시하고, 존재자 전체를 인간이 필요로 하는 에너지의 저장소로 보면서 자연으로 하여금 인간이 원하는 에너지를 제공하도록 자연을 닦달한다(herausfordern). 예를 들면, 옛날 농부들은 밭을 경작할 때 토지를 닦달하지 않는다. 그때의 경작은 키우고 돌보는 것이었다. 농부의 일이란 토지를 닦달하는 것이 아니라, 씨앗을 자신의 성장력에 맡기고 그것들이 잘 자라도록 보호하는 것이었다. 그러나 근대 이후 오늘날의 기술은 기계를 통해 토지를 닦달하면서 토지는 식품공장이 되어 버린다. 이와 같이 기술로 인하여 대지는 광석을, 광석은 예컨대 우라늄을, 우라늄은 - 파괴를 위해서든 평화적 이용을 위해서든 - 원자력을 내놓도록 강요당한다. 현대의 존재이해에 입각할 때 인간들은 사물들을 전적으로 기술적인 판단에 따라서 마음대로 처분한다. 하이데거는 기술의 본질을 '닦달(Gestell)'이라고 본다. 하이데거가 주장하는 것처럼 기술의 본질이 '닦달'이라면 기술은 종국에 존재자 전체에게서 에너지를 뽑아내도록 인간을 닦달하면서 인간을 비롯한 존재자 전체를 황폐화시키는 맹목적인 의지이다.

기술에 대한 두 가지의 상반된 관점이 철학적으로 팽팽하게 대립되고 있을 때 어찌하였던 기술은 급진적으로 발전하여 우리에게 인공지능시대를 맞게 해주고 있다. 우리는 이제 두 관점으로부터 인공지능시대에 인간의 위상이 어떻게 자리매김할지 분석할 수 있다. 우선 인간이 창출한 인공지능의 기술을 단순하게 도구주의적 관점이나 기술 낙관론적인 관점에서 본다면 우리는 앞으로 인공지능을 더욱 더 발전시켜야 한다고 주장할 것이다. 예를 들면 인공지능은 로봇공학을 통해 인간을 육체노동으로부터 해방시켜 줄 것이며 탁월한 의사결정능력을 통해 어려운 문제를 해결할 것이며 의료기술을 통해 난치의 병을 치료할 수 있는 등, 삶의 모든 영역에서 인류에게 유용하고 실용적인 가치를 제공할 것이다.

물론 인공지능의 발전으로 인해 나타날 수 있는 단점들, 예를 들면 인공지능으로 인한 일자리의 상실, 인공지능의 활동도에 따른 빈부의 격차의 심화도 이 관점은 기술을 통해 해결할 수 있다고 전망할 것이다. 주로 정치인이나 경영인 및 과학자들은 이 관점을 견지한다. 따라서 도구주의적 관점은 기술과 연관하여 인간의 위상이 언제나 기술의 주인으로서 '주체적'인 반면에 기술은 인간이 통제할 수 있는 하나의 '도구'에 불과하다고 본다. 기술에 대한 인간의 위상은 개인적으로나 사회적으로 기술의 부수적인 문제점이 발생한다고 하더라도 '주체'라는 점에는 변함이 없다. 인공지능시대에서도 인간은 항상 주체의 위치를 갖고 있으며 인공지능은 도구일 뿐이다. 그러나 인공지능시대에 이런 관점이 과연 통용될 수 있을지 여간 의문스럽지 않다. 왜냐하면 '약한 인공지능'이라고 할지라도 이미 자립성과 창의성을 갖고 있기에 인공지능이 도구로만 기능하지 않을 것이며 더 나아가 강한 인공지능이나 트랜스휴먼이 등장하면 인간의 위상은 매우 위기에 봉착할 수 있기 때문이다.

이에 반하여 기술을 인간의 의지와 무관하게 자기재생산적인 '자율체계'로 존재한다고 보는 관점은 기술자체가 결국 인간을 통제함으로써 인간을 하나의 도구로 전락시킨다고 주장한다. 기술은 본질상 닦달하는 특성을 갖고 있기에 자연에게서 에너지를 착취하도록 인간을 닦달하면서 결국 인간을 황폐화시킨다. 이와 같은 관점을 단적으로 잘 나타내주고 있는 영화가 바로 찰스 채플린이 1936년에 만든『모던 타임즈』이다. 이 영화는 20세기 초의 산업사회에서 인간이 이미 기계에 종속되고 그리고 기계의 부속품으로 전락하고 있음을 고발하고 있다. 자본가와 기술자는 대량생산을 위해 공장을 짓고 노동자는 이 공장에서 거대한 기계에 종속되어 기계화가 되어 버린다. 간단히 표현하면 기술은 대량생산을 위해 인간을 닦달하고 인간을 황폐화시킨다. 이 경우 '노동자'와 '기술'과의 관계만을 한정해서 본다면 기술은 대량생산을 위한 자본가의 도구이며 노동자는 '도구화된 기술의 도구'이다. 노동자라는 인간은 '도구의 도구'로 전락한다. 그러나 이때의 과학기술의 수준에서 기술은 자립성과 창의성이 없기에 항상 도구로만 기능해 왔다.

그러나 인공지능시대를 맞이하고 있는 오늘날 인간은 인공지능과 인간과의 관계에서 과연 어떤 위상을 차지하고 있을까. 지금 현재의 인공지능발달의 정도에서, 즉 강한 인공지능은 초보단계이며 트랜스휴먼은 아직 등장하지 않은 상태에서, 달리 표현하면 약한 인공지능의 시대에서 인간의 위상을 단적으로 잘 나타내주고 있는 사례가 앞에서 언급한 알파고와 인간의 바둑대결이다.

알파고와 인간의 관계는 단순하지 않고 상당히 복합적인 양상을 보인다. 첫째 알파고와 알파고를 만든 과학기술자 내지 자본가의 관계에서 볼 때 과학기술자와 자본가는 '주체'이며 알파고는 하나의 '도구'에 불과하다. 이점은 앞에서 언급된 기술의 도구주의적 관점과 동일하다. 단 알파고는 비록 도구이지만 창의성과 자립성을 가지고 있다는 점에서 다르다. 둘째 알파고와 이세돌의 관계에서 볼 때, 알파고는 도구가 아닌 창의성과 자립성을 가지고 바둑을 둔다는 점에서 '주체'이며 이세돌은 알파고와 같은 '주체'이다. 이 경우는 인공지능과 인간은 '주체'와 '주체'의 관계를 맺고 있다. 그리고 마지막 알파고와 아자황과의 관계에서 볼 때 알파고는 창의성과 자립성을 가진 '주체'이고 아자황은 알파고의 명령에 따라 바둑판에 바둑알을 놓는 단순한 '도구'이자 알파고의 '종(從)'에 불과하다. 이 경우 인공지능은 '주체'이며 인간은 '도구'이며 '종'이다.

지금 현재 인공지능의 발달상황에서 인간의 위상은 3가지의 복합적인 양상을 보이고 있다는 점을 우리는 부정할 수 없다. 이와 같은 인간의 위상은 바둑계뿐만이 아니다. 기업경영이나 인사정책에서 인공지능은 '주체'로서 역할을 하고 있다. 예를 들면 회사원을 뽑는 경우나 경영정책을 결정할 때 인공지능에게 맡기는 것이 훨씬 좋은 결과가 나온다고 기업인들은 강조하고 있다. 인공지능이 결정한 것을 인간이 따라하고 인공지능이 선택한 사원이 회사에 일을 하는 시대에 도래한 것이다. 특히 미래사회에서는 지금의 기술발전 속도에 비추어 볼 때 초보단계인 강한 인공지능이 인간과 같은 또는 인간보다 월등한 능력을 지닌 인공지능으로 발전할 가능성은 매우 높다. 더 나아가 트랜스휴먼이나 포스트휴먼과 같은 새로운 종(種)이 등장한다면 인간의 위상이 과연 어떻게 될 것인가. 인공지능이 '주체'로 자리매김할 것이며 인간은 도구로 전락할 것이다. 이점에서 물리학자 호킹(S. Hawking)은 인공지능이 인류보다 빨리 진화할 수 있어 인류에게 반란을 일으킬 것이라고 경고하면서 인공지능의 발달에 대비해야 한다고 주장한다.

알파고와 이세돌과의 바둑대결을 통해 우리는 인공지능시대에 인간의 위상이 어떠한가를 분석하였다. 이 분석에 의하면 인간을 항상 주체로 보고 인공지능을 인간의 삶을 유용하게 하는 도구로 보려는 도구주의석 관점은 오류를 범하고 있다. 인공지능 시대에 인간은 주체이기도 하지만 인공지능의 도구이기도 하다. 만일 강한 인공지능이나 트랜스휴먼이 등장하면 인공지능이 주체가 되고 인간은 도구가 될 것이다.

IV

우리가 인간의 삶을 윤택하게 할 것이라고 확신하고 있는 인공지능이 과학기술의 급진적인 발전 속도로 보면 역설적으로 인간에게 위협적인 존재로 다가올 수 있다. 인공지능 시대에 인간의 위상을 논하는 것도 바로 이런 점을 염려하면서 과학기술 발전에서 발생하는 문제를 최소화하기 위한 것이다. 지금까지 우리는 기술을 소박하게도 인간의 삶을 유용하게 하는 하나의 '도구'로 간주하였다. 이런 관점 때문에 인류는 미래사회에 살아가야 할 길이 오로지 제4차 산업혁명이라고 닦달한다. 그러나 기술은 한갓 도구만이 아닌 인간에게 닦달하는 자율체계를 가진 주체이기도 하다.

이런 위험이 도사리고 있지만 그렇다고 인공지능의 발전을 멈추게 할 수는 없을 것이다. 그렇다면 앞으로 우리는 인공지능의 위상에 대하여 어떤 자리매김을 해야 하며 어떤 방식으로 인공지능을 발전시켜야 할 것인지 고민해야 할 것이다. 여기에서 두 가지 관점만을 언급하고자 한다. 그 하나는 인공지능을 도구로만 간주하지 말고 자율적인 주체로서 인정해야 한다는 것이다. 인공지능을 도구로만 취급할 때와 주체로 바라 볼 때 인공지능에 대한 우리는 태도는 달라질 것이다. 우리는 적어도 인공지능을 기계가 아닌 상호주체적이고 인격체적인 존재로 받아들일 것이다. 그래야만 인공지능의 계발에 있어서 발생하는 문제점을 해소할 수 있을 것이다. 다른 하나는 첫 번째와 연관된 것으로 인공지능에 대한 새로운 윤리적 접근이 필요하다. 물론 지금까지 우리는 과학기술에 대한 책임의식과 관련된 윤리적 담론을 해왔다. 그렇지만 이 경우에는 과학기술의 가치문제에 국한되어 왔다. 하지만 인공지능시대에 대한 윤리적 담론은 인공지능을 자율성을 가진 하나의 인격체로 전제해야 한다. 이를 위해 우리는 인공지능과 인간 간의 도덕적 규범이 필요하며 더불어 인공지능 자체에 도덕적 의식을 부여할 수 있는 기술을 계발해야 할 것이다.

인간과 기계의 공진화:
인간의 사이보그화를 중심으로

김연순 (성균관대학교 독어독문학과 초빙교수)

1. 머리말

근대 이후 지식의 발전이 기술 진화를 가속화시키자, 이에 힘입어 문명은 기계화에 박차를 가했고, 거듭되는 기계문명의 발전 속에서 산업은 높은 생산과 효율을 얻게 되었다. 기계문명화는 오늘날 제 4차 산업혁명이 조급하게 밀려들면서 인간의 지능을 넘어서는 인공지능의 상용화로 새로운 패러다임의 도래를 예감케 한다. 이것은 불과 200여 년 전에 시작된 산업혁명의 진화과정과 맞물려 있다. 산업혁명은 곧 기계혁명이라 할 수 있다. 산업혁명으로 시작된 기계혁명은 1차와 2차 산업혁명을 통해 인간의 육체노동을 기계로 대체시키고 생산력을 향상시킨 제조업 중심의 1차 기계혁명을 거쳐, 3차 산업혁명을 넘어 4차 산업혁명으로 언급되고 있는 오늘날은 인간의 지적인 정신노동을 기계로 대체시켜 효율성을 증대시킨 정보지식산업 중심의 2차 기계혁명으로 전개되고 있다.

이렇듯 기계는 산업혁명의 진화과정을 통해 산업현장에서 생산과 효율의 중심이 되고 생활영역에서는 편리의 중심이 되는가 하면, 더 나아가 의료영역에서는 인간 자신의 신체에까지 파고들기 시작했다. 특히 의료적 차원에서 기계는 손상된 신체의 부분을 복구해주고 약한 부분이나 비정상적인 부분을 정상화시키며 정상적인 신체를 강화시키는 것에도 큰 영향을 미치고 있다. 따라서 인간은 기계를 도구 차원에서 더 나아가 파트너 차원으로 이해하기 시작했고, 심지어 기능적인 면에서 우월한 기계에 자신을 비교하며 인간이 스스로 할 수 없는 일을 처리하는 기계에 대해 스스로를 '골동품'으로 폄훼하기도 한다. 사실 생산성과 효율성에서 월등히 우위를 차지하는 기계를 인정하지 않을 수 없게 된 현실에서 인간은 기계와의 연계성을 적극적으로 모색하고 있으며 그로 인해 인간과 기계간의 경계 또한 차츰 모호해지고 있다. 이런 맥락에서 인간은 이제 자신의 본성 안에서 동물적 성질뿐만 아니라 기계적 성질이 존재함을 인정하기에 이르렀다. 인간과 기계의 연계성을 강조하기에 이른 오늘날 인간은 "동물과 기계 양쪽에 기원을 둔 독특한 진화적 존재"[1]라는 것이다.

돌이켜보면 기계가 인간의 삶에 들어서기 시작한 이래로 사람들은 기계에 대해 강한 거부감을 드러냈다. 인간 존재에 대해 다시금 생각하게 된 르네상스 시대에 신체 해부학이 발전하고 신체의 움직임이 역학적으로 연구되면서 신체에 대한 전통적인 가치와 맞서는 인간기계론이 제기되었을 때에도 신체의 움직임이 기계의 메커니즘과 같은 것으로 간주되었다 함은 신체에 대한 폄훼가 기계란 단어로 노골화된 것이기도 하다. 이처럼 사람들이 기계에 대해 갖는 부정적인 선판단은 오늘날이라고 해소된 것은 아니다.[2] 기계는 여전히 부정적인 의미로 사용되기 때문이다. 누군가 '기계 같은 사람'이라는 표현을 얻게 된다면 그는 인간적인 면이 결여된 사람으로 간주될 수 있다. 그럼에도 불구하고 기계를 통해 인간이 누리는 편리함은 가치절하될 수 없으며, 부정할 수 없는 편리함으로 인하여 사람들은 생활 속에서 기계 사용을 선호하고, 기계와 친숙한 사람은 발전해가는 기계 문명과 기술 문화에 앞서가는 사람으로 간주하는 모순을 보이기도 한다.

더욱이 인공지능 기술의 발전으로 신체 일부가 기계로 대체되는 의료기술이 발전하면서 오늘날 사람들은 신체의 정상화를 위해 기꺼이 기계를 신체의 보조시스템으로 받아들인다. 로봇손, 로봇다리,

1) 브루스 매즐리시,『네번째 불연속』, 김희봉 옮김, 사이언스 북스 2001, 20쪽.

2) 김연순,『기계인간에서 사이버휴먼으로』, 성대출판부 2009, 119-129쪽 참조.

인공심장이라든지 인공관절 등의 인공장기 등 그 예들은 더 이상 낯설지 않을 정도이다. 재미있는 것은 인간의 뇌 또한 신체일부로 대체된 기계를 인간의 몸으로 인식한다는 점이다. 인간 몸에 부착된 기계에 대하여 뇌는 시간이 지나면서 기계와 인간 신체를 구분하지 못하고 모두 신체로 간주한다는 것이다. 실제로 사고로 인해 손을 잃은 사람에게 로봇손을 부착시킨 후 일정시간 동안 원활한 움직임을 위해 손의 사용을 연습하는 과정에서 뇌 사진을 찍어보면 뇌 또한 시간이 갈수록 자연스럽게 로봇손을 몸의 일부로 받아들인다는 것이다. 그럴 정도로 기계는 일상에서 흔히 겪을 수 있는 결핍과 손상을 해결해줌으로써 삶의 질까지 향상시킬 수 있다는 평가를 받을 만큼 인간의 삶에 직간접적으로 영향을 미치고 있다. 무엇보다도 대량생산과 대량소비를 통해 도처에서 발견되는 수많은 기계들의 활용은 인간으로 하여금 개인적으로나 사회적으로 기계의 의미를 부지불식간에 받아들이게 한다.

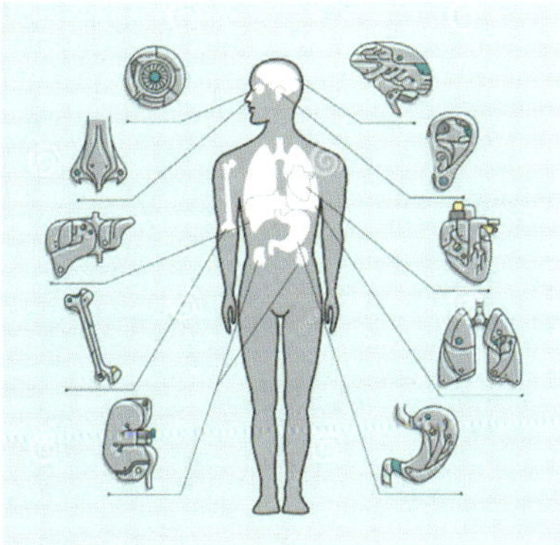

인공장기

이런 맥락에서 오늘날의 인간은 이미 기계와 뗄 수 없는 거대한 시스템을 이루고 있다. 이른바 인간은 기계와 '결합'하는 사이보그로 되고 있다. 인간이 기계와 직접적으로 융합하지 않는다 하더라도, 모든 것을 연결시키는 초연결 시대에 인간은 언제 어디서나 기계와 긴밀하게 상호작용하며 그렇게 할 수 밖에 없는 사회시스템 속에서 살고 있기 때문이다. 기계 없이는 존립하는 것조차 의심스럽다고 말할 정도로 기계는 인간 삶의 기반을 이루고 있는 것이다.

2. 인간의 사이보그 존재적 복잡성

사이보그란 무엇인가? SF 영화에서 자주 등장하면서 상상할 수 없는 괴력을 내뿜으며 정의를 지키기도 하는 사이보그는 인간인가, 기계인가?

사이보그는, 우주라는 특수 공간에서 인간이 지구에서와 같이 안정적으로 존재하고 활동하기 위해서 특수한 기계장치와 시스템을 이루어야만 한다는 인식에서 탄생된 개념으로, 인공두뇌학을 의미하는 Cybernetic과 유기체를 의미하는 Organism이 결합해서 탄생된 합성어이다. 이 개념을 최초로 사용한 맨프레드 클라인즈(Manfred Clynes)와 네이든 클라인(Nathan Kline)은, "무의식적으로 항상성을 유지하는 통합 시스템으로서 외부로 확장되는 조직적인 복잡한 작용을 지칭하기 위해 우리는 사이보그 용어를 제안"한다고 했으며, "사이보그는 의도적으로 새로운 환경에 적응하기 위하여 유기체의 자율-규제 제어기능을 확장하는 외부 요소를 포함한다."[3]고 설명했다. 이에 사이보그는 개념의 창출 시점에서 추상적 추론에 의해 기계와 긴밀한 시스템을 이루어야 하는 존재로 제시되었다. 그러나 오늘날 사이보그는 더 이상 과학적 추론에 의해 만들어진 추상적 존재가 아니라, 공간의 특수성을 고려할 필요 없는 지구 환경에서 살아가는 보통의 인간을 포함해서 생물체를 포괄하는 개념이다. 인간, 쥐, 물고기 등 그 종류도 다양해지고 있다. 그러나 오늘날 사이보그라 하면 대개는

---

3) Manfred E. Clynes and Nathan S. Kline, Cyborgs and Space, in: The Cyborg Feynman, Richard(1959), Viel Spielraum nach unten. (2015. 12. 04.) http:// www.deutsches-museum.de/fileadmin/Content/data/020_Dokumente/040_KuT_Artikel/2000/24-1-1.pdf

인간을 뜻한다.

그렇듯 사이보그 개념의 출발점은 인간과 기계 사이에서 복잡하게 이루어지는 작용가능성이다. 이것은 기계의 보조시스템을 활용하여 신체 활동의 항상성을 유지하는 것에서 출발했다. 그러기에 생물학적인 신체가 감당할 수 없는 상황이나 생명체가 생존할 수 없는 특수 공간에서 인간이 자연스럽게 활동할 수 있도록 연구한 것이 곧 인간과 기계를 결합하는 사이보그 연구가 이루어지게 된 것이다. 사이보그는 특수 환경에 적응할 수 있도록 유기체가 스스로 조절하는 통제기능과 그것에서 확장된 외부의 보조 요소를 포함하여 "무의식적으로 항상성을 유지하는 통합시스템으로서 인공적으로 확장되는 조직복합체"[4]로 인식되었기 때문이다. 말하자면 인간과 기계가 하나의 시스템 안에서 통합된 것이 사이보그이다. 여기서 중요한 것은 방점을 어디에 두느냐이다. 그것에 따라서 사이보그를 규정짓는 범주가 달라질 수 있기 때문이다.

일반적으로 사이보그의 개념 정의는 '결합'에 의미를 두고 있으며, 이에 따라 사이보그는 '생물체와 기계장치의 결합체'로 규정되고 있다. 이를테면 사이보그라 함은 하나의 몸에 자연적인 것과 인공적인 것의 결합, 말하자면 생명체와 기계, 인간과 기계가 직간접적으로 서로 '혼합된 것'을 뜻한다. 이런 의미에서 사이보그는 일찍이 대중문화에서 친숙한 '육백만 불 사나이'나 '로보캅'을 떠올리게 하며 SF 영화를 통해 상상을 초월하는 다양한 이미지로 제시되고 있다. 최근 급속히 발전해가는 의학에 힘입어 사이보그는 인체의 기능 저하나 결핍

4) Manfred E. Clynes and Nathan S. Kline, Cyborgs and Space, in: The Cyborg Feynman, Richard(1959), Viel Spielraum nach unten. (2015. 12. 04.) http:// www.deutsches-museum.de/fileadmin/Content/data/020_Dokumente/040_KuT_Artikel/2000/24-1-1.pdf

을 해결한 실례로서 보고되고 있다.

그 대표적인 예를 들자면 색을 구별할 수 없는 닐 하비슨(Neil Harbisson)이 소리의 파장으로 색을 인지할 수 있게 해주는 아이보그를 영구적으로 머리에 장착한 경우와 로봇손을 장착한 베르톨트 마이어(Bertot Meyer)의 경우가 제시될 수 있다. 이렇게 세계적으로 유명한 실례들 외에 주변에서 인공관절이나 인공심장 등을 장착한 예들도 어렵지 않게 볼 수 있다. 그렇더라도 기계의 이질성을 부각시키는 대중문화에서 사이보그는 여전히 기이한 존재로 이미지화 되어 있다. 그로 인해 '지금여기'에서 살아가는 일반 사람들과는 거리가 먼 이야기의 주인공처럼 사이보그는 미래의 인간형으로 인식되어 실제로 존재하면서도 장차 인간이 이르게 된 자신의 모습을 앞서 보여주는 것으로 간주되기도 한다.

닐 하비슨과 그의 아이보그

베르톨트 마이어와 그의 로봇팔

그러나 '하나의 시스템'에 방점을 둔다면 이야기는 달라진다. 단순히 인간과 기계간의 결합 자체에 국한되는 것에서 더 나아간다면, 기술발전에 따라 새로이 구성될 수 있는 사이보그는 언제 어디서나 인간과 기계간의 상호작용을 통해 시스템을 구성해내는 주체이자 객체로도 활동할 수 있기 때문이다. 여기서 인간은 기계와 상호작용하는 연속적인 관계를 형성한다. 이를테면 정신과 신체는 이원론적으로 단절된 개별 범주이기보다 컴퓨터의 매개를 통해 서로 상호작용하면서 기계와 하나의 시스템을 구성하며, 이것이 인간의 삶에 매개되어 가상과 실제를 넘나드는 것이다. 이런 의미에서 인간은 기계와의 연속성에서 통합되는 사이보그이고 혼성적 존재로서 시스템의 일부이며 그 시스템을 통제할 수 있는 전체로서 존재의 의미를 새로이 가진다.

중요한 것은, 생물학적 인간이 오랜 '문명화 과정'에서 자연과 문화 환경에 둘러싸여 적응해온 것처럼, 사이보그도 기계문명에 적응하고 기계들의 인터페이스에서 존재적 가치를 확인한다는 점이다. 바로 이 점에서 사이보그는 일상에서 기계와 상호작용하고 있는 우리 자신이다. 이제 우리는 기계와의 연속성에서 자신을 성찰하며 자신을 중심으로 형성되는 전자적인 복잡한 연계망을 또 하나의 환경체계로 인식하고 그것을 자연스럽게 받아들이고 있다. 말하자면 사이보그의 환경은 자연 자체가 아니라 전자적 네트워크인 것이다. 따라서 인간은 정보와 정보를 가공하는 무한한 복잡성에 내몰리지만 사이보그로서 기계와 부단히 상호작용하며 그 복잡성을 자기화 하고 그 과정에서 삶의 공간도 확장해간다.

여기서 간과할 수 없는 것은, 인간과 기계의 상호작용을 가능케 하는 신체이다. 지금 여기에 있는 '신체적 나' 자신을 기반으로 정신과 기계가 상호작용하면서 실제와 가상의 연속성을 가능케 하기 때문이다. 더욱이 기계와 인간의 상호작용이 가능하고 그 직접성을 통해 효율을 극대화할 수 있는 것도 기계와 기술적 프로그램이 인간의 신체에 수렴되어 있기 때문이다. 따라서 '신체적 나'가 존재하지 않는다면 인간과 기계의 상호작용 또한 가능할 수 없으니 그 소통의 중심은 신체이다. 비록 '탈신체적 나'가 가상공간에서 무한히 활동하더라도 실제 세계에서의 중심인 신체로 귀환해야 하는 것이다. 따라서 자연적 존재로서 인간, 기계와 결합한 인간, 탈신체적인 나, 신체적인 나, 기계 속 시스템에 통합된 인간 등 사이보그의 존재적 혼성성은 그 복잡성을 더한다.

3. 인간과 기계의 자기조직화

인간과 기계의 시스템은 개인의 영역에서 사회, 국가, 세계 및 우주에 이르기까지 촘촘한 연결로 확대되어 있다. 이것은 인간의 활동 영역이 첨단기술 덕분으로 기계와 상호작용을 하며 외연적으로 부단히 증대되어 오늘에 이른 것이다. 인간이 기계와 직접적으로 결합되든 또는 간접적으로 연계되든 간에, 사이보그는 기계와의 상호작용을 통해 인간-기계-공간의 다양한 시스템으로 복잡하게 얽혀 있는 전체를 구성해낸다. 이 점에서 사이보그는 앞에서 살펴 본대로 인공두뇌학의 원리를 적용한 기계유기체를 뜻하며, 인공두뇌학은 무엇보다도 통제 체계로서 수시로 변하는 다양한 조건을 이겨내고 정해놓은 목표를 달성하기 위한 것이며, 살아 있는 유기체나 기계의 자기규제 시스템이다. 따라서 "사이보그는 의도적으로 새로운 환경에 적응하기 위하여 유기체의 자율-규제 제어기능을 확장하는 외부 요소를 포함한다."[5]

---

5) Manfred E. Clynes and Nathan S. Kline, Cyborgs and Space, in: The Cyborg

통합 과정이자 결과이기도 한 인간과 기계의 결합시스템은 부분의 차원에서 보자면 인간적인 것과 기계적인 것 중에서 전자는 되고 후자는 안 된다는 식의 배타적 분리주의를 지양하고 그 모두를 아우르는 융합방식으로 실행된다. 시스템의 차원에서 보자면 부분으로서 인간과 기계는 서로 상호작용을 하면서 의존도를 높여가며 그것을 기반으로 각각의 존재 의미를 강화하고 정당화 하면서 다양한 공간에서 네트워크를 형성하며 끊임없이 연계범위를 더욱 긴밀하게 확장시키고 있다. 이것의 가능성은, 인간과 기계 모두 개방적인 '열린 체계'를 지향하며 시스템 또한 '열린 체계'라는 점에서 찾아진다. 열린 체계라 함은 외부환경에 닫혀져 폐쇄적이기보다 외부와 끊임없이 소통하며 서로 영향을 주고받는 것을 뜻한다. 그러므로 각각이 열린 체계일 때 인간과 기계는 서로 연계성을 강화할 수 있고 조직화를 실행할 수 있다. 여기서 중요한 것은, 인간과 기계가 서로 상호작용하며 질서를 이루어갈 때 그것은 자기조직화로 받아들여진다. 이 자기조직화를 통해서 마침내 새로운 질서로서 시스템을 구축하게 되고 이제 3의 새로운 것이 창출될 때야 비로소 전체로서 시스템이 이루어지는 것이다.

자기조직화 현상은 일상에서 쉽게 찾을 수 있는데, 이를 테면 공연장에서 흔히 볼 수 있는 청중들의 갈채를 예로 들 수 있다. 청중의 박수는 일종의 시너지효과이다. 갈채는 청중들 개개인의 감동이 서로 상호작용하여 그 결과로 창발성을 일으키는 자기조직화의 한 예이다. 2시간 동안 진행된 공연으로 감성이 충만된 청중은 공연이 끝

Feynman, Richard(1959), Viel Spielraum nach unten. (2015. 12. 04.) http:// www.deutsches-museum.de/fileadmin/Content/data/020_Dokumente/040_KuT_ Artikel/2000/24-1-1.pdf

난 직후에도 계속 감동에 젖어있게 된다. 어떤 청중은 빠른 속도로 감정을 추스르고 어떤 청중은 잠시 더 감동을 즐긴다. 이때 불규칙하게 터져 나오는 몇몇 박수소리는 감동을 채 드러내지 못하고 있는 청중들의 박수를 유도하여 그들도 기꺼이 박수를 치게 하는 것이다. 처음에는 몇몇 청중에 의해 불규칙하게 들리던 박수소리가 여기저기서 증가하는 청중들의 환호소리와 함께 더 커지고, 시간이 갈수록 점차 규칙적으로 들리게 되면 마침내 강요하지 않은 기립박수로 이어진다. 몇몇 청중들에 의해 산만하게 시작된 박수가 서로 상호작용하며 질서를 갖게 되고 결국에는 기립박수라는 새로운 단계로 창발하게 되는 것이다. 만약 질서화 된 기립박수가 나타나지 않았다면 그것은 그저 혼란스럽게 뒤엉킨 박수소리에 지나지 않을 것이다.

이렇듯 상호작용을 통해 새로운 질서를 만들어내는 것이 자기조직화 현상인데, 여기서 핵심은 새로운 질서를 창출해내는 '창발성'에 있다. 창발성이라 함은 복잡계에서 가장 핵심적인 특징으로 간주되고 있다. 수많은 구성요소들이 서로 복잡하게 얽혀서 상호작용하는 가운데 전혀 예기치 못한 새로운 질서의 출현이 창발인 것이다. 이것은 이전 단계에서는 드러나지 않은 것이며, 창발이 일어날 때야 비로소 그 얽혀진 질서는 복잡계로 간주된다.

말하자면 공연장에서 경험할 수 있는 기립박수가 창발의 한 예인 것이다. 공연장에서 공연으로 감동받은 사람들의 자기표현 과정에서 전혀 생각지 않았던 다른 사람들과의 상호작용은 결국 기립박수라는 창발에 이르게 하며, 이렇듯 청중들의 자기표현은 서로 상호작용하면서 스스로 조직화되는 자기조직화로 설명될 수 있다. 이처럼 자기조직화는 구성요소들 간의 상호작용이 활성화 되고 그로 인해 미세한 내부 동요가 확대되면서 점차 의도하지 않은 새로운 질서를 창출하는데, 이로써 이전에는 볼 수 없었던 질적인 수준을 높인 새로운 구조와 기능을 갖게 되는 것이다. 이렇게 자발적으로 이루어지는 질서로서 자기조직화는 다시 구성요소들에 영향을 미치며 창발을 일으키고 그 안에서 질서를 수렴시키기까지의 전 과정을 포함한다.

사이보그의 경우, 시스템 안에서의 자기조직화는 좁게는 개인과 개인용 기계간의, 넓게는 수많은 사람들과 기계들의 상호작용으로 이루어진다. 상호작용이라는 단순한 현상들을 한 걸음 더 들어가 살펴보면, 상호작용에 의한 결합이 곧 창발로 이어지는 것은 아니다. 연결접속으로 시작되는 상호작용에서 당연히 인간과 기계간의 불협화 현상들 - 이를테면 인간적인 것과 기계적인 것 간의 전혀 다른 이질성에 의한 부조화, 기계에 대한 선입견과 기대 그리고 기계 자체의 메커니즘 산의 충돌, 기계의 복삽성/섬세함과 그것에 대한 지식부속에 따른 무반응과 부적응 등 - 이 다양하게 상정될 수 있다. 전혀 다른 이질성에서 비롯되는 갈등은 수많은 이유로 인한 기계의 오작동과 인간의 심리적 불안정한 상태를 비롯해서 다양한 현상으로 표출되고, 그 정도가 고조될수록 상대적으로 안정화 지향의 욕망이 증폭된다. 이에 인간은 해법을 찾아 기계에 필요한 기능을 연구하고 그 결과로 진화하는 기계와 다시 상호작용하면서 이어지는 나선형의 발전과정에서 쌍방의 변화가 초래되는 것이다. 기계사용으로 인해 발생되는 다양한 사건들은 기계와 인간의 상호작용에서 비롯된 필연적인 갈등의 산물이다. 그 과정에서 인간은 기계를 더 편리하고 안전하게 사용하도록 고안해내고 이것은 기계의 진화로 이어지고, 마침내 인간과 기계의 관계는 불안한 상태에서 점차 안정 상태로 접어든다. 따라서 갈등으로 혼란했던 관계는 서로 적응하며 질서로 구축해가고, 이 과정에서 새로운 문화가 창출되고 변화를 겪어가며 자리

잡아가는 수렴과정이 이어진다.

인간과 기계간의 상호작용에서 일어나는 충돌은 인간과 기계간의 자기조직화 과정에서 전개되는 불가피한 관문이다. 이것은 서로 다르기 때문에 쉽게 섞일 수 없어서 겉도는 상태이다. 이 갈등은 저항이기도 하지만 상호작용에서 필히 넘어야 할 하나의 과정이며, 그것을 넘어설 때 새로운 단계로 들어서게 되는 것이다. 마침내 둘 사이는 혼돈스러웠던 갈등의 상황에서는 볼 수 없는 질서가 형성된다. 인간은 문명화의 길에서 이러한 자기조직화 과정을 무수히 경험해왔고 앞으로도 계속 그러한 경험을 하게 될 것이다. 매시대마다 인간은 이미 형성된 질서와 자신의 욕망 사이에서 기계와 상호작용하며 축적된 경험을 통해 기존의 질서를 넘어서 새로운 질서를 만들어나갈 것이다.

4. 인간, 기계 그리고 공간

자기조직화 이론으로 널리 이름을 알린 미국 산타페 연구소의 연구원인 스튜어트 카우프만(Stuart Kauffman)은 자기조직화를 "저절로 생기는 질서"[6]라 하였다. 구성 요소들이 불안한 비평형 상태에 놓이게 되면 그 상태를 벗어나기 위해 자발적으로 서로 상호작용하며 안정된 평형상태의 질서를 창출하는 것이 자기조직화이다. 여기서 평형

6) 스튜어트 카우프만, 『혼돈의 가장자리』, 국형태 옮김, 사이언스북스 2002, 48쪽.

상태에 이르기까지 전개되는 과정은 분리주의적인 인식을 자발적으로 해체하는 것에 근거한다. 이를테면 서로 이질적인 요소들 간의 진한한 갈등을 해소해가는 상호작용, 그 사이에 서로 부단히 시도되는 변화의 메커니즘, 변화를 위해 구성 요소들 간 기존 질서의 지양과 새로운 질서 창출 그리고 새로운 질서의 수렴과 적응 등 일련의 과정을 거치면서 자기조직화는 견고하게 진행된다.

자기조직화는 인간과 기계의 연계에서도 볼 수 있다. 인간과 기계의 자기조직화 과정에는 상황에 따라 다양한 공간이 매개되어 있다. 공간 속에 인간이 존재하고 사물로서 기계 또한 존재하기 때문이며, 인간은 공간의 형식을 빌리지 않고서는 그 어떤 사물과도 관계를 맺을 수 없기 때문이다. 그러므로 인간이 기계들과 어떤 관계를 맺는가 하는 것은 곧 인간이 어떤 공간과 관계 맺는가와 다르지 않다. 인간과 기계의 관계에서 공간이 함께 설명되어야 하는 이유가 여기에 있다.

지난 세기까지 공간은 자연에서 발견되고 인간이 생활할 수 있도록 개척된 터전을 의미했다. 그것이 인간의 행위를 통해 얻어지는 것이라 해도 자연과 공간의 관계에서 보자면 자연을 전제로 쓸모있게 다듬어져서 인간을 머물 수 있게 하는 것이었다. 그러나 오늘날 인간에게 공간은 단순히 주어져 있는 것을 발견해내고 필요에 따라 개척해내는 것에 국한되지 않는다. 이제 인간의 공간은 자연에서 인간의 삶에 적합하도록 만들어내는 것에서 더 나아가 자연과 무관하게 인간이 '활동'할 수 있는 공간을 의미한다. 이것은 인간에 의해 직접 만들어지기 때문이다. 그 공간은 필히 첨단 기계를 활용하여 기계와 인간의 상호작용에 의해서 만들어진다. 불과 1세기 전까지도 상상할 수 없었던 이러한 공간들이 첨단기술이 매개된 인간과 기계의 자기조직화를 통해 인간의 손으로 직접 만들어지고 있다. 그 한 예가 나노(Nano)의 공간이다.

1959년 한 강연에서 유명한 물리학자 리차드 파인만(Richard Feynman)은 '바닥에 풍부한 공간이 있다.(Viel Spielraum nach unten.)'고 말해 사람들을 당혹케 했다. 나노란 크기의 단위로서 1 나노미터를 줄인 말이다. 10억 분의 1m를 1 나노미터 10-9nm라 하며 머리카락의 10만 분의 1크기로 형상화 할 수 있다. 이렇듯 공간으로 생각해본 적이 없을 뿐더러 상상조차 불가능했던 초소형의 세계가 공간의 의미를 가질 수 있다고 파인만이 주장한 것이다. 이른바 인간은 바닥으로 상징되는 저 아래의 미세한 나노공간에서도 이제까지 인류가 상상해본 적이 없는 생산 활동을 할 수 있고 그 공간의 크기만큼이나 물건의 크기를 줄일 수 있으며, "수많은 정보량이 극단적으로 작은 공간에 담겨질 수 있다"(Richard Feynman, 1959)

물질을 구성하는 가장 작은 입자는 원자이다. 이 원자는 물질일 수 있는 '가능성'을 가진 원자일 뿐이다. 이 원자들이 조합되어 나노구조를 이루며 이것이 물질의 성질을 나타낸다. 그러므로 나노구조는 나노 크기로 이루어진 특정한 형태로 배열된 원자들의 조합을 의미하며, 그것에 의해 형성된 1 나노미터는 물질의 성질을 규정하는 최소 단위이다. 이를테면 1 나노미터의 철은 철일 수 있는 성질의 원자들로 조합된 것이다. 이런 물질의 최소 단위인 나노는 물질의 가능성을 가진 원자들로 조합된 미결정적인 특성을 가진다. 이것이 나노미터의 변형을 가능케 하는 존재적 특이성이기도 하다. 더 나아가서 미결정적인 원자들의 배열로 구성되는 나노구조의 특성은 다른 물질구조와의 융합을 가능케 한다. 이런 의미에서 나노테크놀로지는 간학문적이고 초학문적으로 융합의 장을 촉진시킬 수 있는 것이다. 따라서 물질의 성질에 대한 조작과 제어는 나노미터에서 가능하게 되

는 것이다.[7]

파인만은 그러한 예로 사전(辭典) 제작을 제시했으며 브리태니커 백과사전 24권을 2만 5천 분의 1로 축소해서 기록할 수 있음을 주장했다. 이렇게 초소형 세계에서 존재하는 원자들의 활동공간을 에릭 드렉슬러(Eric Drexler)는 마침내 『창조의 엔진. 나노기술의 미래 , 1986』에서 이론적으로 체계화하고, 그에 의해 제시된 나노 공간은 많은 학자들의 연구를 통해 현실화되어가고 있으며, 나노를 볼 수 있는 주사탐침현미경 같은 특수 현미경이 개발되면서 인간의 감각을 통해 확인할 수 없었던 나노는 시각적으로 제시되었다.

그런가 하면 인간이 만들어낸 공간으로서 인간의 삶까지 변화시킨 가상공간도 있다. 존재하는 것처럼 생각되지만 존재하지 않는 가상(假象)과 엄연히 존재하는 실재(實在) 간의 단절이 컴퓨터를 통해 극복되면서 인간의 실존 공간과 연계된 또 하나의 공간이 열리고, 이전에는 단지 상상력으로만 제시될 뿐 볼 수 없던 가상(假象) 세계는 이제 컴퓨터를 통해 실재하는 것으로 제시되는 가상(假想)으로 경험할 수 있게 된 것이다. 첨단기계와 기술 발전으로 창출된 이 가상공간은 윌리엄 깁슨(W. Gibson)의 과학소설 『뉴로맨서, 1984』를 통해서 처음 제시되었다. 이것이 첨단기술력으로 현실화되면서 인간은 "존재하지 않으면서 마치 존재하는 것 같은 실제적인 형상"[8]인 가상(假象)을 현재화할 수는 없지만 잠정적으로 실재하는 것처럼 경험할 수 있게 되었다. 이로써 인간은 "인터넷과 월드와이드웹, 또는 이와 유

7) 김연순, 『나노테크놀로지의 자연모방과 그 딜레마』, 『하이브리드 포이에시스』, 성균관대학교 출판부 2015, 43-60쪽 참조.

8) Arimin Regenbogen/UweMeyer(Hrsg.): *Wörterbuch der philosophischen Begriffe*, Hamburg 1998, S. 580.

사한 형태의, 서로 공유할 수 있는 상호작용적 컴퓨터 매개환경"[9]을 통해 가상현실을 현실보다 더 현실적으로 느끼고 새로운 제 2의 삶을 위해 경계가 없는 영역으로 받아들이고 있다. 이에 사람들은 컴퓨터의 이미지 공간에서 세컨드 라이프는 미국인 린든 랩(Linden Lab)에 의해 개발되어 2003년부터 서비스하는 3D의 사이트로서 가상세계에서 실제의 세계처럼 삶을 체험할 수 있는 온라인의 가상세계이다. 이렇듯 가상세계를 통해 경험하고 새로운 가능성을 찾으면서 인간의 삶은 한층 더 복잡해지고 있다.

인간은 기계와 상호작용을 통해서 나노공간과 가상공간 외에도 자신이 만들고 개척해낸 우주공간 및 심해공간 등 다양하게 분산된 공간에서 연결접속하고 있다. 인간과 인간, 인간과 기계, 기계와 기계 간의 공간적 유동성은 무한히 전개되는 네트워크를 통해 전체를 이루며 개별 부분들 간의 시스템을 끊임없이 이어주며 확대되어간다. 이러한 전 과정에서 인간은 기계와 자기조직화를 통해 새로운 질서를 만들어내면서 시스템을 구축하고 시스템의 일부분이면서 동시에 전체를 통제하는 주체이자 객체로 사이보그화 되고 있다.

9) 스티븐 존슨, 『이머전스』, 김한영 역, 김영사 2004, 221쪽.

5. 맺음말

매시대마다 인간의 실존적 자기이해는 시대의 변화에 따라 새로이 규정되어왔다. 변화무쌍한 현실을 온몸으로 견뎌내면서 인간은 그 현상 속에 있는 자신의 변화를 보았기 때문이다. 그러나 변화 속에서도 인간에 대한 본질 규정 또한 매시대마다 견고하게 이어지고 있다. 이를테면 기계문명이 발전하게 된 근대에 사람들은 인간을 동물이나 기계와 달리 영혼을 가진 특별한 이성적 존재로 규정지었다. 이러한 인간의 본질 규정은 인간의 정체성과 맞물린 자기이해이다. 그래서 18세기 독일의 유대인 철학자 멘델스존(Moses Mendelssohn)은 인간과 동물을 구별하기 위해 인간에 관한 본질 규정을 중요하다고 강주했다. 이것은 당시 영혼과 육체에 대한 이해와 관련된 역사적인 문제로서 17세기에 새롭게 부각된 이성을 최고의 심급으로 규정짓는 전통적 관념론을 대변한 것이기도 하다. 그러나 18세기에 등장한 '인간기계론'은 기계주의에 영향을 받아 이성을 육체로 환원시켜 인간을 기계와 동일시하였다. 이를 주장한 라 메트리(La Mettrie, Julien Offroy De)는, 기존의 관념적 인간상은 변화하는 시대에 부합될 수 없다고 보았으며 시대에서 읽혀지는 다양한 현상들에 비추어 새로운 인간상을 제시했다.

그러나 지난 세기 말에 이러한 인간의 본질 규정에 대한 회의가 제기되었다. 근대 이래로 견고하게 전승된 본질 규정을 통한 인간 이해가 더 이상 현대인의 자기이해와 부합될 수 없었기 때문이었다. 이에 독일 철학자 디이트마 캄퍼(Dietmar Kamper)는 오늘날의 인간을 "기계와 같은 신"[10]을 추구한다고 규정지었다. 그는 기계문명의 진보에 따

10) Dietmar Kamper, Mensch, in: Christopf Wulf(Hrsg.): *Vom Menschen. Handbuch*

른 패러다임의 변화에 주목하고 자신의 한계를 극복하고자 하는 인간의 욕망이 슈퍼컴퓨터와 같은 존재가 되고자 한다고 보았다. '기계와 같은 신'이란 욕망의 표현은 이제 현실화된 개념으로서 '사이보그'로 재규정될 수 있다. 인간은 기계도 신도 아닌 인간일 뿐이지만, 자신의 기술력으로 신처럼 될 수 있으리라는 희망으로 인해 기계를 자신의 몸에 받아들이기 때문이다. 인간은 자신의 삶에서 기계의 존재적 의미를 인정하게 된 것이다. 개인적으로나 사회적으로 기계를 배제하기 어렵다는 것을 인식한 인간은 이제 기꺼이 기계와 상호작용하며 삶의 질서를 새로운 차원으로 끌어가면서 인간의 활동 공간 또한 확대하고 있다. 무엇보다도 진화하고 있는 기계에 대응하여 인간도 강화해야 한다는 인식은 그럼에도 불구하고 인간의 생물학적 조건으로는 강화할 수 없기에 기계의 힘을 빌릴 수밖에 없다는 것은 간과할 수 없는 사실이다.

기계는 인간의 공간에서 어디에나 존재한다. 정확히 말하자면 인간이 존재하는 공간이면 그곳이 어디든 기계도 존재한다. 그러기에 인간은 주변에 즐비한 기계를 의식하지 못할 정도로 기계에 익숙해 있다. 생물학적 인간은 생각지도 못할 공간을 기계를 활용해서 만들어내고, 만들어낸 공간에서 자연스럽게 기계와 상호작용하면서 자신을 둘러싼 환경을 자연스럽게 새롭게 구축하는 오늘날의 인간은 사이보그인 것이다. 이제 제 4차 산업혁명이 도래하리라는 시점에서 기계들이 스스로 소통하며 가상과 실제를 넘나들며 작동하게 된다면 인간은 더욱더 기계와의 긴밀한 관계를 요구받지 않을 수 없다. 그것이 인간으로 하여금 더욱 더 자신의 강화 욕망을 부추기게 될 것이다.

Historische Anthropologie, Weinheim; Basel 1997, S. 86.

참고 문헌

김연순,『나노테크놀로지의 자연모방과 그 딜레마』,『하이브리드 포이에시스』, 성균관대학교 출판부 2015.

박창근,『시스템학』, 범양사 출판부 1997.

브루스 매즐리시,『네번째 불연속』, 김희봉 옮김, 사이언스 북스 2001.

에릭 드렉슬러,『창조의 엔진』, 조한욱 옮김, 김영사 2011.

존슨 스티븐,『이머전스』, 김한영 역, 김영사 2004.

케빈 워릭,『나는 왜 사이보그가 되었는가』, 정은영 역, 김영사 2004.

마르가레트 베르트하임,『공간의 역사 단테에서 사이버스페이스까지 그 심원한 공간의 문화사』, 박인찬 역, 생각의 나무 2002.

오코 프리드리히 볼노프,『인간과 공간』, 이기숙 옮김, 에코리브르 2011.

스튜이드 카우프만,『혼돈의 가장자리』, 국형태 옮김, 사이언스북스 2002.

윌리엄 깁슨,『뉴로맨서』, 김창규 역, 황금가지 2005.

Manfred E. Clynes and Nathan S. Kline, *Cyborgs and Space*, in: The Cyborg Feynman, Richard(1959), Viel Spielraum nach unten. (2015. 12. 04.) http://www.deutsches-museum.de/fileadmin/Content/data/020_Dokumente/040_KuT_Artikel/2000/24-1-1.pdf

Herbrechter, Stefan, *Posthumanismus. eine kritische Einführung*, Darmstadt 2009.

Kamper, Dietmar, Mensch, in: Christoph Wulf(Hrsg.), *Vom Menschen*, Handbuch Historische anthropologie, Weinheim;Base 1997).

인공지능 시대의 SF, 무엇을 말하는가

안상원 (성균관대학교 독어독문학과 초빙교수)

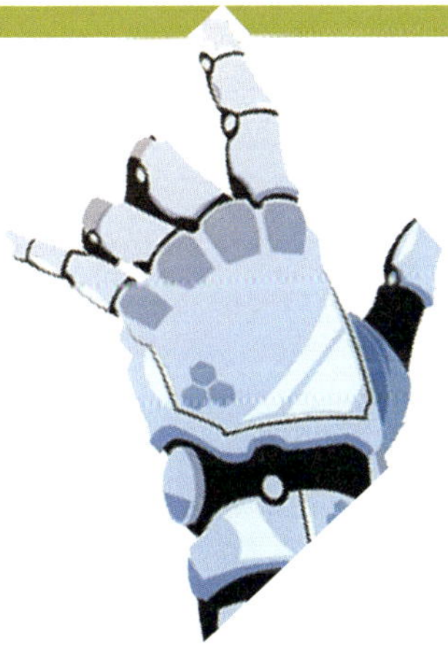

1. 이야기는 재미있다

이야기를 좋아하지 않는 사람이 있을까. 어릴 적 할머니에게 들었던 옛이야기서부터 글을 깨우치고 읽은 동화책, 만화책 속에 그리고 드라마, 영화, 연극, 게임, 웹툰 속에 이야기는 도처에 있다. 그렇게 많은 이야기들이 사람들의 흥미를 끄는 데에는 여러 이유가 있겠지만, 무엇보다도 재미를 주기 때문이다. 우리는 책을 읽으며 감동하거나 교훈을 얻기도 한다. 하지만 교훈의 유익함 이전에 사람의 마음을 끄는 것은 '놀라움'이 주는 재미다.

이야기의 조상격인 민담이나 신화를 생각해보자. 그 안에는 마법과 기적이 있고 말하는 동물들이 나온다. 결코 실제적이라 생각하지 않으면서도 이야기 구조 속에 빠져들어 울고 웃게 되는 것이 이야기의 힘이다. 이야기는 종종 권선징악으로 끝나거나 교만한 악인에게 징벌이 내리기도 한다. 그렇다고 해도 이야기의 진정한 가치는 교훈이 아니라 재미와 놀라움인 것이다.

SF도 '놀라운 이야기'다. SF에는 '경이감(sense of wander)'이라는 요소가 빠지지 않는다. 그도 그럴 것이 사건은 현실과 동떨어진 우주에서 벌어지거나, 신기한 요술 못지않게 신기한 과학이론과 가설을 토대로 전개되기 때문이다. 그런데 오늘날 SF는 다른 재미있는 이야기들보다 특별히 주목받고 있다. 과학과 테크놀로지가 급격하게 발전하면서 SF가 다른 공상적 이야기들과 달리 현실의 이야기가 될 수도 있다는 점에서 그렇다. 신기한 이야기가 비현실적 상상 세계에만 머물지 않고 우리의 현실에서 실현될 수도 있다는 생각이 SF를 더욱 흥미진진하게 만드는 것이다.

오늘날 테크놀로지는 엄청나게 빠른 속도로 발전하고 있다. 미래학자들이 내놓는 예측보다 훨씬 빨리 기술의 힘은 그 미래를 앞당기고 있다. 인공지능에 대해 본격적으로 거론하기 시작한 것이 불과 몇 년 전 일이다. 물론 SF에서는 로봇을 주제로 한 작품이 훨씬 전부터 많았고, 스티븐 스필버그는 2001년 영화 <A.I.>에서 인간보다 더 인간적인 안드로이드의 모습을 통해 진정한 '인간성'에 대해 질문을 제기했었다. 그런데 최근 4차 산업혁명이라는 미지의 물결이 밀려오면서 머지않아 사람들의 삶과 사회경제의 구조를 온통 바꿔놓게 되었다. 그리고 인공지능은 4차 산업혁명에서 매우 중대한 역할을 하게 될 것이다.

SF가 제시하는 미래사회, 로봇이나 외계 생명체에 대한 이야기들은 놀라움을 불러일으키기에 충분했다. 그런데 지금은 그것이 단순한 상상의 이야기가 아니라 곧 다가올 미래, 아니 지금 이루어지고 있는 현실의 이야기가 되고 만 것이다. SF는 오랫동안 단순한 '공상과학'의 오락물로 취급되었다. 비록 최근에 와서 SF에 대한 연구가 다방면으로 이루어지고 있지만 근본적으로 '재미'라는 태생적 근원은 변하지 않았다. 그러면 SF 장르는 어떻게 형성되고 어떻게 발전해왔을까? 그리고 인공지능 시대에 SF가 가지는 '현실적' 의미는 무엇일까? 생각해보자. 오늘의 SF, 무엇을 말하는가.

2. 노크

"지상의 마지막 사람이 방에 혼자 앉아 있었다. 그때 누가 방문을 두드렸다."

이 두 문장은 프레드릭 브라운의 <노크>(1948)라는 소설(?)이다. 아마도 역사상 가장 짧은 SF일 것이다. 그런데 이 짧은 텍스트에는 우리가 흔히 SF라고 할 때 떠올리는 여러 요소들이 담겨있다. 먼저 '지상의 마지막 사람'이라는 표현에서, 인류가 멸망하고 남은 한 사람이라는 것을 알 수 있다. 뭔가 어마어마한 재앙이 지구를 휩쓸었을 것이다. 그것은 핵전쟁일 수도 있고 전염병일 수도 있고 기후 재난일 수도 있고 혹은 최근 아포칼립스 콘텐츠에 자주 이용되는 좀비의 창궐일 수도 있다. 이처럼 '재앙 후 세계'의 이야기는 SF에서 많이 등장하는 소재다. 독자에게는 또 하나의 의문이 남는다. 그렇다면 방문을 두드린 이는 누굴까? 여기에도 몇 가지 가능성이 있을 것이다. 제일 먼저 떠오르는 것은 지상의 존재가 아닌 외계 생명체일 가능성이다. 그렇다면 이 또한 SF의 하위 장르에 속하는 외계인 소설이 된다. 만일 신이라면? 그 경우에 이 텍스트는 SF의 범주를 이탈한다. 또 어쩌면 여기에 트릭이 숨어 있을지 모른다. '마지막 사람'의 원문은 'the last man', 그렇다면 노크를 한 사람이 여성(woman)은 아닐까? 아니면 목숨을 건진 어떤 동물이 문을 긁은 것일까.

여러 가지 '과학적' 상황을 상상케 하는 짧은 텍스트이지만, 이 텍스트에서 또 하나 중요한 SF의 요소를 보아야 한다. 그것은 '공포'다. 이 마지막 사람의 상황에 감정을 이입시켜보자. 그는 깊은 절망과 고

독 속에 빠져있을 것이다. 그런데 노크 소리가 들리다니! 논리적으로 납득할 수 없는 어떤 존재가 더 있다는 이 사실은 그에게 엄청난 섬뜩함으로 다가올 것이다. 문밖에 다행히 여성이 있다거나 개가 있다면 이 상황은 안도감으로 해소될 것이다. 외계인이든 신이든 그 존재가 무엇인지 확실하게 알게 되면 그 불안감은 사라진다. 공포는 미지의 상황에서 발생하기 때문이다. 예기치 않은 사태, 불확실한 사태, 그리고 그 불확실성이 해결되지 않는 한 불안과 공포는 지속된다.

3. 과학시대의 환상문학과 SF

네이버 국어사전에서는 SF를 '공상과학소설'과 동의어로 보고, '시간과 공간의 테두리를 벗어난 일을 과학적으로 가상하여 그린 소설'이라 정의했다. 메리엄-웹스터 영어사전은 SF를 '실제 혹은 가상의 과학이 사회나 개인들에게 끼치는 영향을 주로 다룬 소설'이라고 규정했다. 그런데 과거에 흔히 사용하던 '공상과학'이라는 용어는 오늘날 더 이상 유효하지 않다. SF에서 다루어졌던 과학적 가설이 과거에는 '공상'이었을지 몰라도 오늘날에는 이미 실현되었거나 실현 과정에 있는 것도 많기 때문이다. SF는 과학과 관련이 있고 우리가 살아가는 일상의 공간과는 동떨어진 시공간을 전제로 한다. 거기서 경이감이 야기되며, 이 놀라움에는 미지에 대한 불안과 공포가 섞여있다.

오늘날 SF 시장에 가장 큰 영향력은 할리우드에서 온다. SF 영화의 블록버스터가 할리우드 자본에 의해 제작되고, 영화의 기반이 되는 SF 소설이 양산되는 곳도 미국이다. 미국의 영향력을 배제한 채 SF를 논하기는 어렵다. 하지만 SF는 유럽에서 먼저 태동했다. SF는 유럽 소설문학의 발전과정에서 한 단계를 차지한다.

18세기 후반 영국에서는 '고딕소설'이라는 장르가 출현했다. 흔히 비이성과 공포의 문학이라고 일컬어지는 고딕소설은 계몽주의 이래 예술에서 추구되었던 고전주의적 조화와 합리성을 거부하고, 윤리적 당위성을 강요하던 시대 흐름에 대한 반발로 등장했다. 18세기 전반 고대의 고전주의를 숭앙하는 문화에서 '고딕'은 문명의 암흑기로 간주되었던 중세와 연관되어, 미개하며 야만적인 것으로 여겨졌다. 1764년 중세 호사가 호레이스 월폴(1717-1797)이 중세를 배경으로 한 소설『오토란토 성』을 발표하여 대중적으로 큰 성공을 거둔 후 '고딕소설'의 유행이 시작되었다. 고딕소설은 중세 고성의 비로를 배경으로 살인, 저주, 유령 등 초자연적이고 괴기스러운 사건들이 엮이는데, 당대의 도덕주의와 이성주의를 뛰어넘는 이 '놀라운' 이야기가 독자들을 매료시켜, 이후 몇십 년 간 수백 편에 달하는 아류가 쏟아져 나왔다.

고딕소설은 19세기 낭만주의 사조와 연결되면서 이른바 '환상문학'으로 발전한다. 비현실적 환상은 낭만주의에서 매우 중요한 요소였다. 계몽주의는 합리적 이성을 강조하여 신비나 초현실적인 모든 것을 몰가치화 하였고, 종교적 독단에 억압받았던 인간을 이성의 빛을 통해 무지와 몽매로부터 해방시키고자 했다. 하지만 다음 시대에 낭만주의자들은 인간이 이성적 존재만이 아니라 어두운 욕망과 심리적 내면을 함께 지녔다는 점을 인식했다. 현실을 벗어난 초현실과 상상 세계 역시 이성적 세계 못지않게 인간을 구성하는 중요한 요소이며, 오히려 이성보다 더 가치 있는 무한의 영역이라고 파악한 것이다.

낭만주의 작가들 중에는 인간의 어두운 면을 탐구하고 사회 통념을 벗어난 욕망과 충동을 다룬 작가들이 있었다. 독일의 E. T. A. 호프만(1776-1822)이 대표적이며 그가 쓴 환상적 이야기들은 프랑스와 유럽 여러 나라에 소개되었고, 환상풍의 이야기가 유행처럼 번졌다. 이른바 '환상문학'이라는 범주가 19세기에 생겨난 것이다. 영국에서 발생한 고딕소설은 낭만주의 운동과 합류하여 공포소설과 동일한 의미를 갖게 되었다. 19세기 고딕소설은 굳이 중세를 배경으로 삼지 않는다. 도시에서 벌어지는 초자연적이고 기이한 현상들 혹은 인간 내면에서 발생하는 어두운 욕망과 공포를 서술하는 것이다.

메리 셸리(1797-1851)의 『프랑켄슈타인』(1818) 역시 고딕소설의 계보를 잇는 작품이다. 시체들을 조각조각 모아서 생명체로 살려낸 주인공이 그 '괴물'에 의해 철저히 파괴된다는 기괴하고 끔찍한 이야기는 과학자인 주인공이 실험실에서 생명을 탄생시킨다는 점에서 최초의 SF로 간주된다. 제네바 시의원의 아들인 빅터 프랑켄슈타인은 학문에 대한 의욕과 열의로 충만한 천재 과학자다. 그는 잉골슈타트 대학에서 유학하는 동안 자연과학에 매료되어 화학, 해부학, 생명체 연구에 전념하다가 마침 시체를 되살려내는 데 성공한다. 이 소설에서는 과학이론이나 가설이 진지하게 다루어지진 않는다. 소설의 초점은 생명체를 살려내는 '과학적' 과정보다도 박사에 의해 탄생된 피조물로 인해 가족, 친구, 약혼녀 등 무고한 사람들이 희생되고 결국 자신도 죽음에 이르게 되는, 복수의 과정이 주는 공포에 있다. 그런 점에서 『프랑켄슈타인』은 오늘날의 SF와는 분명히 거리가 있고, 비현실을 다루는 환상문학이자 공포가 목적인 고딕소설에 속하는 것이다. 『프랑켄슈타인』 이후 19세기 후반에는 로버트 루이스 스티븐슨(1850-1894)의 『지킬 박사와 하이드 씨』(1886), 허버트 조지 웰스(1866-1946)의

『모로 박사의 섬』(1896)이 과학자 소설의 계보를 이었다.

지킬 박사의 이야기는 자아분열이라는 정신분석학적 증후를 다룬다. 유복한 집안에서 훌륭한 교육을 받고 사회적으로 존경 받는 의사 지킬은 내면의 방탕한 욕구로 인해 갈등한다. 그는 낮의 세계에서는 명망 있는 의사면서 밤이 되면 쾌락에 몸을 맡기는 이중생활을 괴로워한다. 지킬은 그런 개인적인 이유에서 자신에게 존재하는 극단적인 자아를 완전히 분리시킴으로써 내면의 자책과 갈등을 해결하려 한다. 결국 지킬은 끈질긴 약물 실험을 통해 하이드라는 '그림자' 존재를 분리시키는 데 성공한다. 하지만 그것은 절반의 성공이었다. 하이드의 자아로 활동할 때는 아무 거리낌 없이 방탕과 악행을 저지르지만 지킬로 돌아왔을 때 하이드가 했던 행위가 의식에 고스란히 남아서 죄책감을 가중시킨 것이다. 더욱이 약물 부작용과 내성으로 인해 두 개의 자아를 더 이상 통제할 수 없게 되자, 지킬은 스스로 목숨을 끊고 만다.

자아를 분리시키고 외모까지 변형시키는 지킬의 약물은 비현실적 요소가 강하지만, 웰스가 창조한 모로 박사의 이야기에는 보다 실제적인 과학 현실이 반영되었다. 웰스는 실제로 생물학과 동물학을 공부했고, 전업 작가로 활동하기 전에는 생물학 강사로 재직한 이력도 있다. 웰스는 (본격적인 의미에서) 'SF의 창시자'라고 불릴 정도로 다양한 주제의 작품을 남겼다. 『타임머신』, 『투명인간』, 『우주전쟁』 등은 이후 SF 하위 장르의 전범이 되었다.

『모로 박사의 섬』은 당시 큰 충격을 던졌던 찰스 다윈의 진화론을 수용하여 창작되었다. 천재 과학자 모로는 동물에 행한 잔인한 실험으로 인해 학계에서 추방된 후 종적을 감추었다. 그는 남태평양의 작은 섬에서 '동물-인간'의 새로운 종을 만드는 실험에 몰두하며 섬의

제왕으로 군림하고 있었다. 동물의 생체이식을 거듭하여 인간과 같은 외모와 사고를 갖춘 새로운 종으로 '진화'시키는 것이다. 그러나 이 새로운 종족에게 내재한 야수적 본성이 다시 해방되면서 모로 박사의 제국은 붕괴되고 박사는 자신이 실험을 통해 이루어낸 '성과'에 의해 희생되고 만다. 살아있는 동물의 신체 일부를 떼어내어 다른 동물에 이식한다는 사고는 과학적이기보다는 잔인하고 끔찍할 뿐이다. 그러나 모로가 자행한 새로운 혼합 종의 실험은 이후 과학 발전에서 완전히 허무맹랑한 것은 아님이 입증되었다. 현대의 과학은 생물학적 생체실험에 의해서가 아니라 유전자 변형과 합성을 통해 종을 개량하고 새로운 종을 만들어내고 있다.

프랑켄슈타인, 지킬, 모로 등 이들 주인공은 이른바 '미친 과학자'의 전형이다. 미친 과학자의 이미지는 20세기 들어서 프리츠 랑의 영화 <메트로폴리스>(1928)에 등장하는 로트방으로 계승되고, <백 투 더 퓨처>(1985)의 괴상한 발명가 브라운 박사로 재현되었다. 19세기의 SF에 등장한 이들 주인공들은 기존의 과학이 해내지 못한 영역에서 엄청난 성과를 거두지만, 마지막에는 실패하고 비참한 결말에 이르게 된다. 이 소설들은 과학자의 오만에 대한 일종의 경종으로, 과학이 아무리 발달한다 할지라도 인간이 넘어서는 안 되는 한계를 일깨우는 듯하다.

그럼에도 이 소설들은 근본적으로 흥미를 유발하기 위한 것이다. 과학은 소설의 목표가 아니라 '신기한 것'을 제시하는 계기일 뿐이며, 끔찍스런 결말과 그런 결말을 향해가는 과정에서 야기되는 불안과 공포야말로 이야기의 핵심이다. 그것이 누구나 즐길 수 있는 통속문학으로서 대중에게 호소력을 지녔던 요인이다. 우리는 19세기의 상황에서 과학이 호기심과 공포를 자아내는 양면성을 지녔다는 사실을 이해해야 한다. 웰스는 과학을 전공한 사람이었지만 그 이전의 작가들은 대체로 과학을 '신기한' 것으로 다루고 있다. 여기에 과학을 대하는 일반 대중의 의식과 부합되는 지점이 있다.

산업혁명 이후 기술은 삶과 사회에 커다란 변혁을 일으켰다. 더욱이 19세기 후반 증기기관이 발명되면서 산업은 급성장하였고, 그로 인해 야기된 변화는 사회를 뿌리째 흔들었다. 사람들은 연일 새로 등장하는 기술적 성과를 환호하고 기술이 가져다 줄 미래의 삶에 낙관적이었다. 하지만 일부는 기술의 성과를 놀라워하면서도 그것이 가져올 위험에 대해 경고했다. 발전을 둘러싸고 기대와 불안이라는 양가적 감정이 형성된 것이다. 더욱이 자연과학과 테크놀로지에 대해 깊은 지식을 갖추지 않은 일반인들에게 과학은 신비로운 마법과 크게 다르지 않았나. '미친 과학자'의 이미지는 그런 배경에서 만들어졌다. 어딘지 초췌한 얼굴로 사람들과 소통도 하지 않으면서 비밀스런 실험실에서 연구에만 몰두하는 이미지는 프랑켄슈타인, 지킬, 모로 등 모두에게 관련되는 것이다. 그들이 음산한 실험실에서 성과물을 들고 나왔을 때 그 '마법'에 사람들은 매료되어 환호했지만 다른 한편으로는 누려워했다. 과학기술 앞에서 당시 사람들이 갖는 감정은 그렇게 두 갈래로 갈라졌다. 오늘날 첨단 테크놀로지의 시대에도 양상만 다를 뿐 양가적 감정은 똑같이 나타난다. 누군가는 테크놀로지가 야기한 모든 변화를 기꺼이 받아들이고 미래를 긍정적으로 내다보지만, 누군가는 미심쩍은 시선으로 바라보며 문제를 제기하고 시대의 속도를 늦춰보려 애쓴다.

사체에 생명을 불어넣은 데 성공한 프랑켄슈타인 이야기의 배경에는 '갈바니 실험'이라는 사건이 있었다. 근대 과학이 발전하면서 전에는 설명할 수 없었던 초자연적 현상이 설명되기 시작했는데, 초자연적 현상이라 믿었던 전기도 그 중 하나였다. 갈바니즘은 이탈리아 의사 갈바니가 죽은 개구리 뒷다리에 전기 자극을 가하여 사체를 움직이게 한 실험을 가리킨다. 이 실험은 엄청난 파장을 일으켰다. 전기를 이용하여 죽은 시체의 생명을 되돌리는 것이 가능할까? 어쩌면 인간이 시체를 다시 살릴 수 있을지도 모른다는 추측을 놓고 학계에서는 논쟁이 벌어졌다. 셸리 역시 갈바니즘을 알고 있었으며, 거기서 힌트를 얻어 프랑켄슈타인 박사 이야기를 쓴 것이다.

모로 박사의 생체이식실험의 아이디어는 다윈의 진화론에서 영향받은 것이다. 진화론이 서구 사회에 던진 충격파는 엄청나고 심각했다. 다윈의 주장이 확산되면서 자연은 탈신비화되었고, 신학과 형이상학에 대한 회의가 일어났다. 신비한 것으로 믿었던 영역마저도 과학은 물질로 환원시켜 해명할 수 있게 되었다. 물질의 가치가 정신적 가치를 능가하게 되었다. 그렇게 새로운 과학이론에 의해 흔들린 시대가 한편으로 품고 있었던 불안감이 웰스의 괴기스러운 소설로 형상화된 것이다.

SF의 통속적 흥미의 밑바닥에는 자연과학과 기술 발전에 대한 불안한 감정이 도사리고 있다. 작가들은 주인공의 비극을 통해 과학자의 독선과 오만이 파국으로 귀결된다는 것을 강조했다. 그들은 과학과 기술이 승승장구하는 시대를 문제의 시각으로 바라보았으며 그러한 발전에 동반될 수 있는 위험성을 이야기를 통해 비판적으로 제시한 것이다.

4. 미국 SF의 발전과 스페이스오페라

유럽의 SF가 장구한 소설문학 전통의 뿌리에서 나와 대중소설로 발전한 반면, 미국의 SF는 '펄프매거진'을 통해 처음부터 통속적인 장르로 출발했다. 질이 좋지 않은 종이를 사용한 펄프매거진은 가격이 저렴했기 때문에 대중이 손쉽게 구입할 수 있었고, 읽고 나서 곧바로 버려도 아깝지 않았다. 펄프매거진에 발표된, 이른바 '펄프픽션'의 내용은 대중의 기호를 따라 자극적이고 선정적인 것이 많았다. 문학적 가치를 고려할 필요가 없는 상품이었기 때문에 당연히 비평의 관심을 얻지도 못했다. 오늘날까지도 SF, 판타지, 호러 등 장르문학을 통속적이고 무가치한 소비문학으로 간주하는 데에는 그러한 태생적 원인의 작용이 컸다. 1926년 작가 휴고 건즈백은 SF 전문잡지 <어메이징 스토리즈(Amazing Stories)>를 창간하였다. 이 잡지가 크게 성공을 거두자, 뒤 이어 비슷한 잡지들이 속속 등장하면서 미국의 SF 시장은 확대되었다.

흔히 1930년대 후반에서 1940년대 초반까지를 'SF의 황금시대'라고 부른다. 이 시기에 미국 SF는 양적으로나 질적으로나 크게 도약하게 되는데, 여기에는 존 캠벨의 기여가 컸다. 1937년부터 <어스타운딩(Astounding Science Fiction)>의 에디터로 활약한 캠벨은 뛰어난 작가들을 발굴하고 수준 높은 작품을 집필할 수 있도록 적극적으로 후원했다. '로봇' 시리즈, '파운데이션' 시리즈로 유명한 아이작 아시모프나 『스타쉽 트루퍼스』의 작가 로버트 A. 하인라인 등, 훗날 SF의 고전 작가로 불리게 될 이들이 캠벨과 작업하면서 많은 걸작을 집필했다. 이 시대에 발표된 소설들이 SF의 전범이 될 정도로 장르의 발전에 미친 영향이 컸다.

제2차 세계대전이 연합국의 승리로 끝난 후, 미국에서는 SF의 대중성이 더욱 확대된다. 전쟁을 치르는 동안 과학기술은 급속하게 발전하였으며, 현대 사회를 추동하는 동력이 과학과 테크놀로지라는 인식이 확산되면서 과학을 소재로 다루는 SF가 더욱 주목받게 된 것이다. 동서 냉전 상황에서 언제 터질지 모르는 전쟁에 대한 불안, 특히 핵전쟁에 대한 불안이 만연한 가운데 SF는 그러한 대중적 불안을 가설적 상황 설정과 이야기를 통해 해소해주었다. 과거 SF에는 허황된 공상의 요소가 강했지만, 전후에 SF가 제시하는 과학의 문제들은 지극히 현실적인 것으로 다가왔다. 이런 점에서 SF를 바라보는 시선이 달라졌고 문화 시장에서 SF의 위상도 높아졌다. 작가들 역시 물질적 안정과 함께 사회적으로 높은 평가와 대우를 받게 되었다.

1950년대는 미국 영화의 부흥기였다. SF 영화에서도 괄목할만한 수작들이 쏟아져 나왔다. <괴물>(1951), <지구가 멈추는 날>(1951), <우주전쟁>(1953), <금지된 행성>(1956), <신체강탈자들의 침입>(1956) 등이 관객의 사랑과 호평을 받았으며, 이 영화들은 이후 다양하게 변주되거나 리메이크되기도 했다. 과거에는 SF가 주로 소설을 통해 대중과 만났으나, 이제부터는 영화와 소설이 서로 영향력을 주고받으면서 문화콘텐츠에서 핵심적 장르로 성장하게 되었다.

SF라 하면 당연히 과학과의 연계성을 떠올릴 것이다. 하지만 과학이론과 전혀 관련이 없는데 SF로 꼽히는 작품도 많다. 우리에게 잘 알려진 영화 <스타워즈> 시리즈가 그 대표적 사례다. <스타워즈>, <스타트랙>, <스타게이트> 같은 작품은 SF의 하위 장르로서 '스페이스오페라(Space Opera)'로 분류된다. 우주를 배경으로 펼쳐지는 성간여행과 모험, 외계인과의 전투를 다루는 스페이스오페라는 영화나 TV

시리즈를 통해 대중적으로 가장 인기 있는 콘텐츠다. 20년대 미국 SF의 주류는 스페이스오페라였다. 흔히 스페이스오페라를 대단히 미국적인 장르라고 보는 이유는 미국 시장에서 양산되었기 때문이기도 하지만, 그보다도 미국의 '프론티어 정신'을 담고 있기 때문이다. 대부분 스페이스오페라는 서부개척시대의 전통을 계승한다. 즉, 서부극의 도식을 우주공간으로 옮겨 확대시킨 것이다. 서부를 배경으로 원주민들과 싸우는 카우보이 이야기는 은하계를 비행하며 외계인들과 싸우는 우주선 승무원들의 모험담으로 바뀌었다. 모험서사의 기본적인 플롯 구성이나 권선징악의 천편일률적인 내용 역시 서부극과 별반 다르지 않다.

좋은 편과 나쁜 편의 이분법, 새로운 우주공간의 정복 등, 스페이스오페라가 은연중에 제국주의 이념을 표현한다고 비판하는 견해도 있다. 그러나 단순한 오락물로서 스페이스오페라는 평범한 사람들의 일상에 활력을 불어넣는 보충제 역할을 충분히 해내고 있다. 단순한 대중은 스페이스오페라의 멋지고 강한 영웅 캐릭터에 자신을 이입하여 잠시나마 각박한 현실로부터 벗어날 수 있다. 이 점에서 스페이스오페라가 도피적 성격을 지니는 것은 맞지만 비난 받을 일은 아니다. 다른 모든 대중문화의 속성도 다르지 않기 때문이다. 과학의 요소를 놓고 따지자면 스페이스오페라는 '사이언스'픽션의 근거가 취약한 것이 사실이다. 하지만 스페이스오페라는 미지의 광활한 우주 공간을 보여줌으로써 SF의 본질인 경이감을 가장 잘 표현하고 있다. 스페이스오페라는 오락성에 충실하면서도 무한한 우주의 비전을 통해 우리가 살아가는 현실세계 바깥, '다른 세계'에 대한 호기심과 동경을 일깨워준다.

제2차 세계대전이 끝난 후, '진짜' 전쟁을 경험한 대중에게 스페이스오페라는 차츰 매력을 상실했다. 그 대신 과학의 정설을 토대로 과학과 기술이 SF의 중심이 되어야 한다는 요구가 강력해졌다. 스페이스오페라는 SF 범주 안에서도 통속적 오락물로 그 가치가 폄하되었으며, 50년대가 끝날 때에는 거의 자취를 감추고 말았다. SF의 초강력무기를 능가하는 핵폭탄의 공포가 지배하는 냉전시대에 광선총을 들고 싸우는 이야기는 그다지 호소력을 발휘하지 못했던 것이다. 그러나 1977년 조지 루카스의 영화 <스타워즈>의 대성공은 스페이스오페라의 새로운 전성기를 예고했다. <스타워즈>와 <스타트랙>은 지금까지도 시리즈로 계속 제작되고 있으며, 최근에 크게 성공한 영화 <아바타>(2009), <가디언즈 오브 갤럭시>(2014) 등, 스페이스오페라는 다양한 모습으로 꾸준히 대중의 사랑을 받고 있다.

5. SF의 다양한 주제들

오늘날 과학기술의 여러 분야와 관련하여 SF가 소재로 삼지 않은 영역이 거의 없을 정도로 SF는 무척 다양한 면모를 지니고 있다. SF는 일단 과학과의 관련성에서 크게 'Hard SF'와 'Soft SF'로 분류할 수 있다. Hard SF가 선진 과학기술이론에서 출발하여 논리적으로 자신의 아이디어를 전개시키는 반면, Soft SF에서 과학과 테크놀로지는 서술을 위한 배경일 뿐 그것의 논리적 정당성을 입증하는 것은 중요하지 않다. SF를 '가상적인 발명 또는 자연과학적 발견에서 비롯된 모험과 체험을 묘사한 이야기'로 정의한 작가 J. O. 베일리는 Hard SF

의 입장을 대변하는 것이다. 이때 '가상적인 발견'은 과학적인 것이어야 하며, 작가는 적어도 그 발견이 과학적으로 가능하다는 사실을 증명할 필요가 있다. 하지만 Soft SF에서는 정치·사회적 주제를 표현하는 데 집중하며 과학이론이나 기술적 성과는 이야기를 전개하기 위한 보조수단에 불과하다.

주제에 따라 세분하면, 먼저 대중의 흥미를 가장 유발하는 하위 장르로 '밀리터리SF'를 들 수 있다. 밀리터리SF에서 이야기의 핵심은 적과의 전쟁이고 주인공은 군인들이며, 군인들의 훈련과정과 전투에서 벌어지는 일화가 흥미진진한 액션과 함께 진행된다. 하인라인의 『스타쉽 트루퍼스』(1959)는 밀리터리SF의 대표작으로 꼽힌다. 이 소설에서 하인라인은 미래의 군국주의 사회를 상정하였다. 젊은 주인공들은 군사훈련을 받으며 강해지고 동료와 함께 외계 종족과 전투를 벌이면서 책임감 있는 사회일원으로 성장해간다. SF의 하위 장르는 경계가 뚜렷하지 않아서 서로 겹치는 부분도 많다. 예를 들어 영화 <에이리언> 시리즈는 '외계생명체'의 범주에 속하지만 또 외계 괴물과 사투를 벌이는 사람들이 군인집단이라는 점에서 밀리터리SF로 볼 수도 있다. 스페이스오페라 <스타트렉> 시리즈 역시 밀리터리SF에 속한다.

'시간여행'은 SF의 가장 경이로운 소재 가운데 하나다. 웰스는 과거와 미래를 넘나드는 시간여행자 이야기를 판타지에서 과학의 차원으로 옮겨 왔다. 소설 『타임머신』(1895)의 시간여행자는 '기계'를 이용하여 80만년 후 미래로 가서 인류가 진화한 엘로이 족과 만난다. 지상의 문명이 완전히 사라진 후의 새로운 세상을 목격한 것이다. 시간여행이 과학적으로 가능한가에 대해 논란도 있지만 시간여행 SF의 일차적 의미는 실현가능성을 학문적으로 따지는 것보다 장차 우리의 미래가 어떻게 될지, 혹은 과거의 세상은 어땠을지 등 대중의 순수한 호기심을 충족시키는 데 있다.

외계생명체를 다룬 SF는 과거에는 유치한 주제로 간주되었다. 그러나 생물이 살 만한 행성들의 존재가능성이 확대되면서 오늘날에는 더 이상 유치한 공상의 산물이 아니며, SF 하위 장르 중에서도 가장 많은 사랑을 받는 콘텐츠가 되었다. 외계생명체는 인간을 닮은 존재로, 흉측한 괴물로, 혹은 로봇과 같은 기계로 다양하게 묘사된다. 외계생명체는 대체로 극단적인 두 부류로 나뉘는데, 인간보다 높은 지능을 갖추었거나 아니면 공격적이고 끔찍스러운 괴물이거나이다. 웰스의 소설 『우주전쟁』(1898)은 후자에 속하는 대표적 작품으로서 외계인과의 전쟁이라는 주제를 처음으로 다룬 동시에 외계인에 대한 부정적 이미지를 오래 남겼다. 반면 스탠리 와인봄의 단편 <화성 오디세이>(1934)의 외계인은 지능과 논리를 가졌으며 인간에게 우호적이다. 스필버그의 영화 <미지와의 조우>(1977)나 <E.T.>(1982)에 등장하는 외계생명체는 우호적 외계인 계열에 속하며, 이는 외계생명체와의 소통을 주제로 삼은 드니 빌뇌브의 최근 영화 <어라이벌>(2016)까지 계승된다.

타자와의 우호관계를 추구하거나 타진하는 콘텐츠들의 대척점에 <에이리언> 시리즈, 하인라인의 원작을 영화화 한 <스타쉽트루퍼스>(1997)가 있다. 이들 영화에서 외계의 존재는 폭력적인 방식으로 인류를 위협하며 끔찍스러운 공포를 야기한다. 소통의 여지란 없다. 오직 싸워 이기는 것만이 유일한 목표다. 이처럼 외계생명체 SF는 낯선 존재를 대하는 우리의 상반된 태도를 보여준다. 적대적으로 대할 것이냐 우호적으로 대할 것이냐.

화성인들이 지구에 온다면 우리를 공격하려 할까 아니면 우리와 소통하려 할까? 미지의 존재에 대하여 우리는 아직 그 답을 얻을 수 없다. 하지만 우리가 미지의 존재에 대하여 상상하는 대처 방식은 어쩌면 우리 자신의 습성, 행동양식과 관련이 있을지 모른다. 외계생명체가 우리를 해치기 위해 공격해 올 거라고 가정한다면, 그러한 상상은 인류의 삶이 항상 타자를 정복하고 지배하는 것에 습성화되었기 때문이 아닐까. 우리가 타자에 대해 늘 그런 태도를 가졌기 때문에 외계생명체도 우리를 해칠 거라 믿는 것은 아닐까.

세계는 첨단 테크놀로지의 문명으로 접어들었지만 자연의 위력 앞에선 여전히 무력하다. 화산 폭발, 지진, 해일 등 천재지변은 인류가 쌓아온 문명을 순식간에 붕괴시키고 있다. 그리고 네트워킹 기술이 발전함으로써 사이버 소통이나 교통 등 커뮤니케이션이 원활하게 되었는데 그와 나란히 바이러스 창궐과 같은 전 지구적 재앙의 위험도 증가하였다. '재앙 후 세계'를 다루는 SF는 지구 종말에 대한 대중의 불안 심리를 담아낸 것이다. 지구공동체 전체에 몰아닥칠 위험이기 때문에 그런 대재앙에서 목숨을 구할 수 있는 사람은 아무도 없다. 전염성 바이러스(최근에 애호되는 것은 좀비 바이러스), 핵전쟁, 새로운 빙하기 등 예기치 않은 사건이 지구 문명을 순식간에 폐허로 만들어버린다.

더 많은 하위 장르의 분류가 가능하겠지만 끝으로 유토피아를 다룬 SF를 언급하지 않을 수 없다. 플라톤의 『국가』처럼 이상향에 대한 상상과 사유는 고대 사회부터 계속되어 왔다. 16세기에 토마스 모어는 『유토피아』(1516)에서, 토마조 캄파넬라는 『태양의 나라』(1602)에서 이상사회를 제시하였다. 과거의 질서가 무너지고 근대로 접어드는 전환기에서 이들은 앞으로의 사회가 나아가야 할 방향을 유토피아 소설을 통해 제시하였다.

20세기에는 인간사회에 대한 과학기술의 영향력이 확인되고 가속화된 기술 발전의 성과가 환영 받았지만, 세계대전의 경험을 겪으면서 과학기술에 대한 회의 또한 깊어졌다. 미래사회를 그리는 SF는 대부분 미래를 이상적 낙원으로 그리지 않고 그 반대인 디스토피아로 제시하였다. 러시아 작가 자먀찐은 『우리들』(1920)에서 '은혜로운 분'의 독재 아래 모든 가치관이 획일화된 디스토피아를 묘사했다. 사람들은 이름을 갖지 못한 채 부여된 번호로 정체성을 확인받고, 유리벽 건물 안에서 생활하면서 밤낮없이 감시당한다. 조지 오웰의 『1984년』(1949)은 테크놀로지를 이용하여 시민을 감시하고 통제하는 독재 체제를 고발했다. '빅브라더'는 '텔레스크린'으로 개인을 감시하며, 세뇌당한 개인은 체제에 저항조차 못하고 빅브라더에게 정신적으로 종속된다.

올더스 헉슬리의 『멋진 신세계』(1932)도 디스토피아 소설의 대표작이다. 헉슬리는 이 소설에서 공장에서 만들어지는 아이들, 고통을 잊게 하는 약물, 늙지 않고 젊음을 계속 유지하다가 맞는 죽음 등, 탄생에서 죽음까지 철저히 테크놀로지에 의해 조절되는 사회를 그렸다. 이 소설은 오늘날 활발히 논의되고 있는 포스트휴먼 담론에 던지는 시사점이 놀라울 정도로 풍부하다.

6. 아시모프의 로봇: SF의 예언적 기능

19세기의 초기 SF에서 20세기 디스토피아 소설에 이르기까지 SF의 흥미진진한 이야기 뒤에는 과학기술의 위험성을 지목하고 미래사회를 비판적으로 바라보는 작가의 시선이 숨어 있었다. 하지만 20세기에는 과학 발전과 기술의 성과를 적극적으로 수용하며 미래의 시대상을 긍정적으로 예시하는 작가들도 여럿 등장했다. 아이작 아시모프는 과학 발전의 미래를 낙관하면서 인간이 기계와 더불어 조화롭게 살아가는 미래 사회를 묘사하였다.

아시모프는 로봇을 주제로 크고 작은 소설을 여러 편 집필하여 로봇 소설의 개척자로 불린다. 그의 로봇 소설은 인공지능이 화두가 된 오늘날 각별한 관심을 불러일으킨다. 『아이, 로봇』은 1940년부터 10여 년간 발표했던 소설 9편을 모아서 1950년 출간한 단편집이다. 단편들은 로봇의 초기 형태로부터 점점 발전하는 모습을 단계적으로 보여주는데, 놀랍게도 그것은 오늘날 로봇공학의 발전 양상과 유사하다. 물론 아시모프는 1940년대에 자신만의 독창적인 상상으로 미래를 그렸다.

첫 소설에서 아시모프가 제시하는 미래는 당대로부터 50년 정도 지난 1996년이다(그는 로봇공학의 미래 발전을 실제로 이루어진 것보다 훨씬 빠르게 예측했다). 로봇이 대중에게 보급되기 시작한 단계, 아직 말하는 기능은 장착되지 않았지만 로봇은 가정에서 아이를 돌보는 유모 역할을 했다. 이어지는 단편들에서 아시모프는 화성 탐사 로봇을 상상하였고, 말하고 움직이는 로봇을 등장시켰으며, 로봇을 이용해 우주의 광산을 채굴하거나 태양열에너지를 모아 지구에 공급하는 미래를 제시하였다. 단순한 노동은 모두 로봇에게 떠맡기고 인간은 기술 연구 등 창의적 작업에 매진할 수 있게 되었다. 그리고 마지막 단편에서는 전 세계가 슈퍼컴퓨터에 의해 관리되는 단계에 이르게 된다.

2025년, 슈퍼컴퓨터에 의해 완벽하게 관리되는 세계는 아무 갈등 없이 평화롭게 유지되고 있다. 그런데 무슨 일인지 몇몇 지역에서 초과생산이 발생하고 파업 등의 이상 사태가 발생하였다. 슈퍼컴퓨터의 오류인가? 그로 인한 파국의 시작인가? 그러나 알고 보니 슈퍼컴퓨터가 의도적으로 그런 문제를 조장한 것이다. 슈퍼컴퓨터는 자신의 존재를 부정하는 반(反)로봇 단체 '인간을 위한 사회'의 활동을 파악하고 차선책을 선택한 것이다. 슈퍼컴퓨터에는 '로봇은 인류에게 해를 입혀서는 안 되며, 위험에 처한 인류를 모른 척 해서도 안 된다'는 원칙이 입력되어 있었다. 슈퍼컴퓨터가 파괴될 경우 인류는 혼란과 위험에 빠질 것이므로, 인류의 안전을 위해 자신의 존속이 필요하다고 판단한 슈퍼컴퓨터가 일부러 문제를 일으켜 '인간을 위한 사회'의 주요 일원들에게서 지위와 권력을 빼앗은 것이다. 그리하여 세계는 다시 평화로운 균형 상태를 되찾게 된다.

아시모프가 소설을 발표할 당시만 해도 이러한 이야기는 흥미롭지만 허무맹랑한 공상에 지나지 않았을 것이다. 하지만 놀랍지 않은가. 오늘날 테크놀로지가 바라보는 미래의 모습, 포스트휴먼 담론에서 예측하는 미래를 아시모프는 거의 80년 전에 상상으로 구성해낸 것이다. SF는 과학과 테크놀로지의 발전에 대해 시대비판적 기능을 해왔으며, 이처럼 미래에 대한 예언적 기능도 수행하고 있다. 이는 과학과 기술의 발전이 인간의 창조적 상상력과 불가분의 관계임을 증명하는 것이다.

오늘의 SF는 또 어떤 지혜로운 상상력에 의해 어떤 이야기를 만들어내게 될까. 작가들은 테크놀로지와 미래사회를 어떻게 상상할까. SF는 지금까지 그랬듯이 재미있는 이야기를 통해 대중에게 즐거움을 제공함과 동시에 기술문명에 대하여 비판적 기능 혹은 예언적 기능을 계속 지켜갈 것이다. SF가 다가올 미래에 대하여 또 무엇을 말하게 될지, 놀랍고 새로운 이야기를 기대하게 된다.

첨단기술의 시대에 변화하는 음악향유

양인정 (성신여자대학교 교양교육대학 강사)

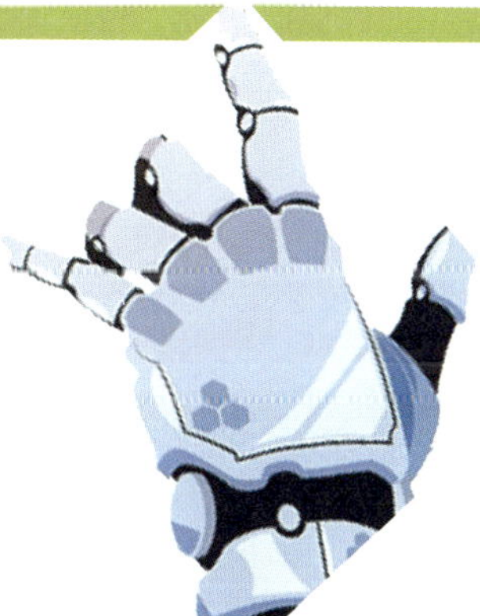

1. 들어가며

음악은 과학기술의 발달과 그 역사를 같이 하였다고 해도 과언이 아니다. 15세기 인쇄술 발명은 악보의 보급화와 음악의 확산을 가져왔고, 19세기 말 녹음기술의 발달은 음악사운드의 저장과 복제를 가능케 했다. 이후 라디오와 텔레비전의 방송 미디어 등장은 음악의 대중화를 가속화했으며, 음악의 디지털화는 소유에서 접속으로 음악 소비형태를 변화시켰고, 21세기 정보통신기술의 발달과 스마트 기기의 확산은 마침내 시공간적 제한성과 물질성을 탈피한 모바일 기반의 가상악기를 탄생시켰다. 이처럼 역사적으로 거의 언제나 기술과 음악은 서로 영향을 주고받으며 발전해왔고, 우리가 사는 이 시대에는 이 둘의 관계가 점점 더 긴밀해지는 경향이 짙다. 인터넷에 기반을 둔 인간과 인간, 인간과 도구, 도구와 도구 간의 시간과 공간을 극복한 기술 진화가 이루어지면서 기술은 이제 단순히 수단의 발달이라는 차원을 넘어 인간과 사회의 전반에 걸친 거대한 질적 변화를 가져다주고 있다. 그리고 이러한 변화는 음악 분야에도 자연스럽게 반영되어 기술과 음악과의 관계, 이에 따른 음악 제작 방식, 음악장르의 파괴 및 탄생, 작곡과 소비, 그리고 음악에 대한 소통관계 및 인식 등등 음악에 관련된 거의 모든 부문에 영향을 미치며 다양한 변화들을 불러일으키고 있다.

이런 맥락에서 필자는 최근 행해지고 있는 첨단기술이 결합된 새로운 형태의 여러 음악활동 가운데 두 가지 적용 사례를 살펴보려 한다. 이로써 일상에서 음악을 접하고, 수용하며, 즐기는 방법 및 인식하는 방식들이 어떻게 달라지고 있는지 그 흐름과 변화들을 짚어보고자 한다.

2. 공연예술 분야에서 첨단 미디어 기술의 접목

현대 공연예술에서 영상매체가 차지하는 비율이 점점 더 높아지고 있다. 연극, 무용, 음악 등 다양한 예술 분야에서 공연연출의 효과를 극대화시키고자 영상매체와 결합된 첨단기술개발이 활발히 이루어지고 있는데, 그 중에서도 특히 프로젝션 맵핑과 홀로그램 기술이 공연예술에 활용도가 매우 높은 편이다. 중요한 것은, 이러한 기술이 어떤 방식으로 음악공연에 활용되어 공연예술의 양상을 변화시키고 시간과 공간의 개념에 혁신을 가져다주면서 관람객의 감흥을 끌어올릴 수 있는가 하는 점이다.

2.1. 프로젝션 맵핑(Projection Mapping) 기법[1]을 활용한 공연

최근 IT 업계에서 높은 성장세를 보이고 있는 프로젝션 맵핑은 공연예술을 비롯해서 영화, 광고, 홍보, 인터랙티브 아트 등 다양한 분야에서 널리 활용되고 있는 기술 중 하나이다. 프로젝션 맵핑이란 무대 공간 혹은 특정 사물의 표면에 영상을 투사하여 무대의 세트와 배경을 영상으로 구성하는 방법이다. 착시효과에 기반을 둔 이 기술은

---

1) 프로젝션 맵핑은 '빛을 비추다'는 뜻의 프로젝션(Projection)과 3차원의 물체표면에 가상의 2D 이미지를 덧 입혀 사실성을 부여하는 맵핑(Mapping)이라는 3차원 컴퓨터그래픽 용어의 합성어이다. 출처: 조종학, "첨단미디어 기법을 활용한 공연 콘텐츠에 관한 연구", 『한국디자인문화학회지』제21집(2), 2015, 641쪽. 이처럼 프로젝션 맵핑은 고광량 프로젝션을 통해 실제 사물전면에 영상을 투영하여 실제의 조형물이나 고정된 물체가 변화하는 것 같은 착시효과를 구현한다.

무대 위의 공연자와 공간의 디지털 영상이 실시간으로 상호작용하여 역동적인 형상을 표현해냄으로써 현실과 가상현실 사이에 연속성을 심어주는 혼합 공간형식을 만들어낼 수 있다. 이를 통해 다양한 무대를 빠르게 연출할 수 있어 관객들에게 더 화려한 볼거리와 다차원의 감각적 경험을 제공해줌으로써 작품의 몰입도를 높여줄 수 있다는 점이 이 기법의 가장 큰 장점으로 꼽힌다.

프로젝션 맵핑 기술과 결합된 음악공연의 사례로는 먼저 2011년 빌보드 뮤직 어워드(Billboard Music Awards)에서 세계적 팝가수 비욘세 놀즈(Beyoncé Knowles)가 선보였던 "run the world(girls)" 공연무대를 들 수 있다. 이 퍼포먼스는 비욘세의 신체 위에 미리 제작되어진 영상을 투사시켜 복제된 가상신체가 실제 가수의 퍼포먼스 동작에 맞추어 인터렉티브하게 조화를 이루면서 여러 형대로 나열되고, 음악과 영상, 퍼포머의 동작 싱크(sync)가 그래픽에 맞게 구현되면서 시각적, 청각적 효과를 극대화시킨 것으로 평가되고 있다.

그림 1. 비욘세(Beyoncé), run the world, 2011[2]

2) 사진 출처: https://i.ytimg.com/vi/1zaWaUjMlQQ/maxresdefault.jpg(2017년 12월 15일 접속)

IT기술과 공연 콘텐츠를 접목시킨 국내의 공연 사례로는 이탈리아 작곡가 푸치니의 오페라 <투란도트>를 재해석하여 만든 창작뮤지컬 <투란도트>가 있다. 이 뮤지컬은 2011년에 한국콘텐츠진흥원의 '글로벌 프로젝트 기술개발 사업'에서 선정되었던 프로젝트를 대구국제뮤지컬페스티벌(DIMF)이 제작한 것으로써, 3D 프로젝션 맵핑, 키네틱 무대장치 등 지능형 무대공연 기술 '인텔리전트 스킨(Intelligent Skin)'[3]을 적용시켜서 만들어낸 새로운 공연문화 콘텐츠이다.[4]

이 작품이 기존의 공연예술 작업들과 차별화되는 점들을 꼽는다면, 첫째, 공간 확장 측면에서 무대의 벽면, 바닥면, 측면 및 천정은 물론 오브제(대상), 공연장 내의 다면공간을 하나의 소프트웨어로 제어할 수 있는 다중영상제어시스템 VIS(Virtual Intelligent Skin)[5]를 무대에 적용하여 빠른 장면 전환과 공간영역의 중첩을 통해 물리적 한계를 뛰어넘는 색다른 무대 공간 연출의 가능성을 보여주었다는 점이다(그림 2, 오른쪽). 둘째, 배우의 무대의상에 '3D 엑티브 드레스 맵핑 기술'[6]을 사용하여 극중 캐릭터의 감정선에 따라 의상의 형태 및 표

---

3) 사물 또는 공간 표면에 디지털 기술을 통해 다양한 방식으로 형태 및 이미지가 변화되는 방식을 의미한다(출처: 한국콘텐츠진흥원 기술개발 보고서, "창작뮤지컬 '투란도트'의 창조적 연출효과 극대화를 위한 지능형무대공연 기술", 2012, 1쪽).

4) 위의 한국콘텐츠진흥원 기술개발 보고서 참조

5) VIS(Virtual Intelligent Skin)는 다중 프로젝션 시스템을 공연장의 공간에 활용할 수 있도록 최적화한 시스템으로, 다수의 프로젝터가 활용되는 영상 맵핑 및 실시간 영상 제어 등의 작업을 현장에서 보다 빠르고 편리하게 적용할 수 있도록 설계된 것이라고 한다. 출처: http://www.wikitree.co.kr/main/news_view_print.php?id=190987&head=off(2017년 12월11일 접속)

6) VIS의 소프트웨어를 개발했던 (주)바이널 Interactive 사업부문 조홍래 대표가 인터뷰 중에서 언급한 내용이다. 출처: http://www.wikitree.co.kr/main/news_view_print.php?id=190987&head=off(2017년 12월11일 접속)

면 이미지를 변화시켜 표현 범위의 확장을 시도했다는 점이다. 예를 들어 통합제어 프로그램을 통해 투란도트가 화가 난 장면에 착용의상이 공작처럼 쫙 펼쳐지도록 타이밍을 조정하여 투란도트의 분노한 감정을 시각적으로 연출하는 무대효과(그림 2, 왼쪽)를 구현하고 있다.

그림 2. 창작뮤지컬 <투란도트>의 공연장면

2.2. 홀로그램(Hologram)[7] 기법을 활용한 공연

첨단 미디어를 통해 공연예술에 디지털 가상공간화를 실현시킨 또 다른 기법으로 홀로그램을 들 수 있다. 이것은 프로젝터에서 바닥으로 쏜 영상을 45도 각도로 설치된 필름에 반사시켜 물체의 3차원 입체영상을 구현하는 것으로써, 가상에 존재하는 대상이 물리적 공간에 실재하는 것 같은 착각을 일으키게 하는 기술이다(그림 3). 기존에는 기업제품의 발표회장이나 박물관과 같은 영역에서 주로 활용되던

7) 홀로그램(hologram)의 어의는 그리스어의 '완전한'에 해당한 'holo'와 '기록하다'라는 의미의 'gram'의 합성어이며 홀로그램의 기록재생기술을 홀로그래피(hologrphy)로 명명한 것이다(출처: 신진식, 『컴퓨터애니메이션』, 서울: 한국문연, 1989, 75-76쪽).

영상기법이 이제는 공연예술 분야에 접목되어 활용되면서 공연자의 신체 변형, 융합, 복제 및 환영으로 대체하는 기술로 진화하고 있다.

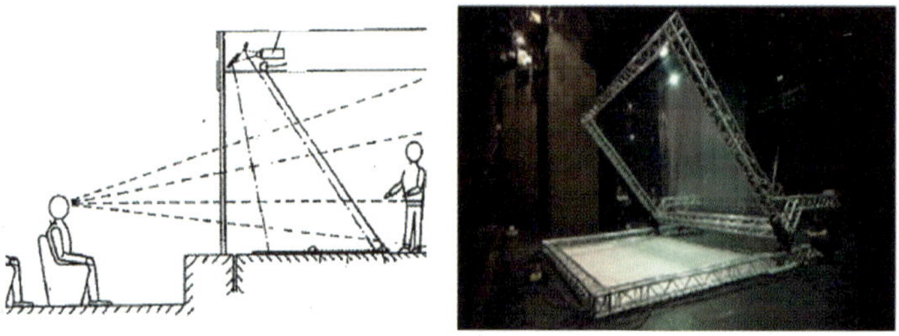

그림 3. 홀로그램 재현 원리[8]

현재 홀로그램 기법은 대중을 위한 엔터테인먼트 콘텐츠에서 특히 광범위하게 활용되고 있다. 그 대표적인 예가 바로 K-POP을 이끌고 있는 한류스타들의 홀로그램 공연들이다. SM엔터테인먼트[9]와 YG엔터테인먼트[10]는 2013년부터 본격적으로 홀로그램 공연 사업에 뛰어

8) 왼쪽 그림 출처: 박은아, 김이경, "무용공연에서 3차원 입체 홀로그램의 적용과 확장 가능성", 『대한무용학회논문집』, 제70권 2호, 144쪽; 오른쪽 그림 출처: http://www.musion3d.co.uk/products/design-and-installation/(2017년 12월15일 접속)

9) SM엔터테인먼트는 일본 나가사키현에 있는 테마파크 하우스텐보스에 2015년 4월 홀로그램 극장을 개관하여 엑소, 슈퍼쥬니어, 샤이니 등 소속 가수들의 공연을 홀로그램으로 구현해 제공하고, 2015년 1월 서울 코엑스 아티움에 홀로그램 상설공연장인 'SM타운 극장'을 만들어 세계 최초 홀로그램 뮤지컬인 <School Oz>(그림 4, 오른쪽)를 선보였다(출처: 조종학, "첨단 미디어 기법을 활용한 공연 콘텐츠에 관한 연구", 『한국디자인문화학회지』, 제 21권, 2호, 2015, 643쪽).

10) YG엔터테인먼트는 2013년 7월 국내 테마파크 에버랜드와 손잡고 홀로그램 공연장을 개관, 2014년 1월 KT와 손잡고 서울 롯데피트인(FITIN) 동대문점에

들어 자사의 홀로그램 전용극장을 설립하였고, 홀로그래피 이미지를 통해 자사의 소속 가수들의 공연들을 개최하고 있다(그림 4). 이러한 공연사업들은 실제로 접하기 힘든 관객들 혹은 관광객들에게 한류 스타들의 공연들을 연주자가 현장에 없어도 수시로 경험할 수 있도록 제공하여 새로운 수익원을 확대하고자 기획된 것이다. 하지만 아직까지는 홀로그램 콘서트의 장비의존도가 매우 높은 편이어서 상영 조건이 최적화된 대형 기획사의 전용극장을 통해서만 이루어진다는 한계를 갖고 있다.

그림 4. 소녀시대의 Virtual Concert(2013); 홀로그램뮤지컬 <School OZ>장면[11]

홀로그램 기술이 활용된 또 다른 대표적 사례로는 이미 고인이 된 아티스트들의 모습을 복원한 가상콘서트들을 꼽을 수 있다. 엘비스 프레슬리를 비롯하여 마이클 잭슨, 아바, 그룹 퀸(Queen)의 리드 싱어였던 프레디 머큐리 등 세계적인 가수들의 모습을 무대공연장에서

케이라이브(KLIVE)을 열어 상시 공연 중이다(출처: 조종학, 위의 논문, 643쪽).

11) 왼쪽 사진 출처: http://www.etnews.com/201301060127; 오른쪽 사진 출처: http://www.hani.co.kr/arti/culture/entertainment/630916.html(2017년 12월 15일 접속)

직접 만나볼 수 있게 해준 라이브(Live) 공연들이 이미 해외에서 개최된 바 있고, 국내의 경우는 2016년 6월 김광석 홀로그램 콘서트가 대구와 서울에서 시도되어 그를 사랑했던 팬들의 주목을 받았다.[12]

그림 5. 김광석 홀로그램 콘서트 장면

앞서 언급된 두 사례들처럼 대중음악가수 자체를 홀로그램 캐릭터로 재현해 '원본 없는 가상이미지'만으로 콘서트를 진행한 경우도 있지만 때로는 실제 공연자와 홀로그램 영상이 함께 어우러지는 공연무대를 연출하기도 한다. 그러한 예가 2010년 광화문아트홀에서 김덕수 사물놀이패가 선보인 <죽은 나무 꽃 피우기> 공연이다. 이 퍼포먼스는 실제 사물놀이 연주자가 홀로그램과 협연하는 형태, 즉 기존의 아날로그 공연과 홀로그래피 기술을 접목한 디지로그[13]를 통한

---

12) 김광석이 실제로 공연을 하는 듯한 분위기를 연출하기 위해 김광석과 닮은 대역 배우를 촬영한 실사본에, 밀랍모형을 만들고, 컴퓨터 그래픽을 입혀 김광석의 생존 이미지를 합성하여 제작되었다. http://www.zdnet.co.kr/news/news_view.asp?artice_id=20160615145831 참조

13) 디지로그(digilog)란 디지털과 아날로그라는 서로 상대되는 뜻을 가진 두 개의 개념을 결합시킨 용어로, IT시대를 대표하는 디지털 문화와 자연적인 감성

새로운 방식의 공연을 연출한 사례라 할 수 있다. 여기에 인터랙션 기능인 사운드 센싱 기술을 도입하여 관객의 박수소리나 함성 소리가 클수록 더 많은 꽃잎 이미지들이 소리 반응에 따라 움직이도록 구현함으로써 공연자와 영상, 그리고 관객이 실시간으로 상호작용하도록 제작되었다는 점이 특징적이다.

그림 6. <죽은 나무 꽃 피우기> 홀로그램 공연장면[14]

위의 사례들에서 보는 것처럼 최근 현실과 가상을 넘나드는 무대 연출의 극대화와 관객들에게 강한 인상과 감동을 주기 위한 새로운 표현방법으로 퍼포먼스, 연극, 오페라, 뮤지컬, 무용 등 여러 공연 예술 분야에 다양한 첨단 미디어 기법을 활용하는 빈도가 점차 높아지고 있다. 인터렉티브 테크놀로지의 발달로 공연 중 퍼포머가 영상 및 관객과 상호작용하는 시도 또한 확대되는 추세이다. 따라서 앞으로

의 문화가 결합된 것을 가리키며, 디지털 세계와 아날로그 세계가 대립관계가 아니라 서로 어우러져 조화를 이루는 것을 강조하는 용어로 쓰인다. 이어령, 『디지로그: 선언』, 서울: 생각의 나무, 2006. 참조

14) 사진 출처: http://mdesign.designhouse.co.kr/article/article_view/101/51356(2017년 12월15일 접속)

의 공연예술은 여러 예술 분야 간의 경계를 넘어서 이 모두를 통합시키는 멀티미디어 퍼포먼스 형태로 발전해나갈 것으로 예측된다. 이때 첨단 영상기술은 예술적 표현을 위해 보조 수단을 넘어 예술작품을 이끌어가는 동반자 역할을 할 것이며 혹은 미디어 자체가 예술형식으로 간주되는 등 기존의 인식이 변화를 겪게 될 것으로 보인다.

3. 가상악기 애플리케이션을 통한 음악하기

첨단기술의 발전에 따른 모바일 미디어는 현재 사회·경제적 측면에서 뿐만 아니라 음악 향유의 측면에서도 획기적인 변화를 가져다주고 있다. 그 대표적인 예가 바로 스마트 기기의 '가상악기 애플리케이션(Application of Virtual Musical Instruments)'[15]을 활용한 음악활동이다. 오늘날 급격하게 늘어난 스마트폰의 보급과 스마트 기기의 이용을 통해 모바일 미디어 기반의 가상악기 앱들의 종류가 점점 더 다양해지고 고도화되고 있고 이를 통해 음악을 즐기는 이용자 또한 늘어가는 추세이다. 2009년 애플의 새로운 운영체제 발표회장에서 스탠퍼드 대학의 컴퓨터 음악 음향연구소 교수인 거 왕(Ge Wang)[16]이 역설한 바와 같이, 사람들은 이제 피아노와 바이올린이 없어도 아이폰으

15) '가상악기 애플리케이션'이란 사용자가 스마트 기기에서 음악연주 및 창작활동을 위해 사용할 수 있는 응용 소프트웨어를 말한다.

16) Ge Wang 교수는 아이폰 애플리케이션 중 컴퓨터 음악연주용 '오카리나 앱'과 '매직 피아노 앱'을 개발하여 처음 소개한 과학자이다. 출처: https://en.wikipedia.org/wiki/Ge_Wang; https://ccrma.stanford.edu/~ge/bio/

로 음악을 연주하고 창작할 수 있게 되었으며[17], 더 나아가 음악 문외한조차도 이러한 음악활동에 참여하고 즐길 수 있게 되었다.

현재 구동되고 있는 스마트 기기의 가상악기 앱 유형들을 살펴보면, 기존에 있는 악기들의 소리를 내장해 놓은 경우가 대부분인데, 독주용 악기 앱에서부터 밴드용, 오케스트라 합주용에 이르기까지 다양한 종류의 앱들이 출시되어 있다. 그중에서 서양악기의 앱 종류가 가장 많은 부분을 차지하며, 그 다음으로 시중에 잘 알려진 비서구 지역의 악기들과 국악기 앱들이 있다. 또 악기연주와 함께 다양한 음악편집과 작곡이 가능한 창작 활동용 앱들도 제공되고 있다. 가상악기 앱들 가운데서 최근 사람들에게 인기가 높은 밴드 음악용 애플리케이션 'GarageBand'[18]의 경우를 구체적 사례로 살펴보면, 탑재된 가상악기들이 어떤 방식으로 이용가능한지 알 수 있다. <그림 7>의 왼쪽 사진에 보이는 것처럼 Keyboard, Guitar, Drum, Bass 등 여러 종류의 가상악기를 이용자들이 각자 하나씩 맡아서 물리적 장소에 모여 합주함으로써 마치 실제 악기를 함께 연주하는 듯한 음악적 교감을 나눌 수 있다. 뿐만 아니라 여러 악기를 혼자서 차례로 연주하고 합성 녹음할 수 있는 일인 다역의 음악활동도 가능하며 다양한 오디오 편집과 믹싱작업을 통해 자신만의 음악을 제작하고 공유할 수 있다.

17) http://news.chosun.com/site/data/html_dir/2011/03/13/2011031301474.html

18) GarageBand는 애플사에서 제작한 DAW 소프트웨어로, 기본적으로 샘플러, 드럼, 드럼 머신, 기타, 스트링, 키보드 등의 악기를 탑재하고 있다.

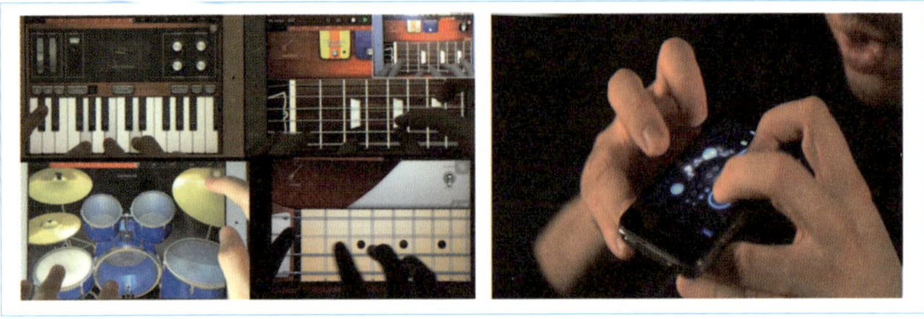

그림 7. GarageBand(iPad앱)[19] ocarina2(iPhone앱)[20]

관악기 앱의 경우, 위의 <그림 7> 오른편에 제시된 '오카리나 앱' 연주모습에서 보듯이 스마트 폰의 마이크 부분에 입으로 공기를 불어넣으면, 이를 센서가 인식하면서 소리를 내고, 손가락으로 화면을 터치하여 여러 음을 구사하는 방식으로 되어 있다. 그래서 초보자라도 간단한 터치만으로 음악을 연주하고 녹음, 감상하는데 어려움이 전혀 없다.

그 밖에 흥미로운 앱 유형으로는 누구나 직접 디제이가 되어 음악을 재창작할 수 있는 음악편집 기능을 가진 'djay2 앱'(그림 8, 왼쪽), 그리고 자신의 노래를 녹음하여 세계 여러 곳에 있는 다른 사용자들과 서로 공유하는 '함께 부르기'에 참여할 수 있는 가정용 '노래방 앱'들(그림 8, 오른쪽)이 이용자들에게 많은 사랑을 받고 있다.

19) 사진출처 https://www.youtube.com/watch?v=4VGqgFxKce4(2017년 12월15일 접속)

20) 사진출처 https://www.youtube.com/watch?v=wbg6GRRamNQ(2017년 12월15일 접속)

그림 8. dj2(iPad앱)[21]

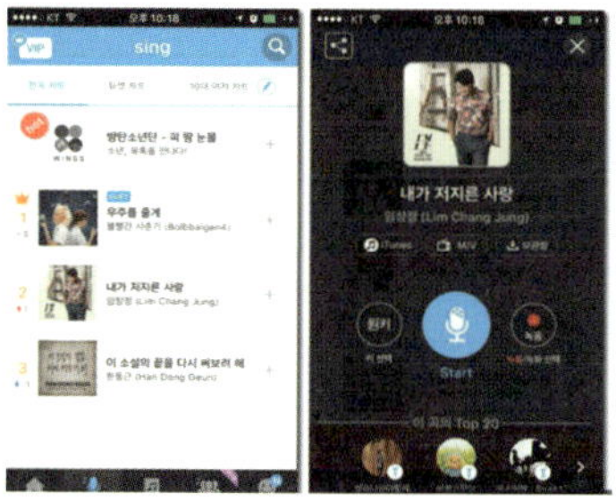

everything(iPhone앱)[22]

앞서 설명된 여러 사례들을 근거로 하여 소프트웨어로 구현된 모바일 기반의 가상악기의 활용이 우리의 음악 향유방식에 어떤 변화를 가져다주고 있는지를 정리해보면 다음과 같이 요약된다:

첫째, 실물형태가 있는 물리적 악기에서 비물체적인 가상악기로 악기의 개념이 확대됨으로써 악기에 대한 범주와 인식이 달라지고 있다. 과거에는 실물형태의 악기를 구입하고 연주자에게 맞는 곡을 골라서, 연주자의 감정을 표현하기 위해 적절한 음을 구현할 때까지 악보에 적힌 음표와 손동작을 일치시기기 위한 오랜 숙련의 시간들이 필요했다. 이렇듯 아날로그 악기로 음악을 완벽하게 연주하기까지 쏟아야 했던 많은 수고와 노력의 과정들이 이제 더 이상 필요 없게 되었다. 왜냐하면 손으로 만질 수 있는 기존의 물리적 악기 대신에 통신 기기이자 멀티미디어인 스마트 기기 화면의 특정 부위를 터

21) 사진출처 https://www.theverge.com/2013/7/25/4553560/djay-2-remixes-music-making-on-iphone-and-ipad(2017년 12월15일 접속)

22) 사진출처 http://cfile2.uf.tistory.com/image/2356D746580625FF3231C4(2017년 12월15일 접속)

치하는 것만으로도 우리는 연주, 창작, 편집 및 수정, 감상과 같은 모든 음악활동을 손쉽게 할 수 있기 때문이다.

둘째, 전문가만이 아닌 일반인도 스마트 기기의 앱으로 모든 악기를 간단히 연주할 수 있을 뿐만 아니라, 동시에 영상, 문자, 소리, 이미지 등이 혼합된 복합매체를 활용하여 아날로그 악기로는 불가능한 새로운 음향 조작과 창작까지 스스로 할 수 있게 되었다. 따라서 종래에는 음악경험이 전문가에 의해 만들어진 완성품을 수동적으로 청취하는 감상 위주로 이루어졌다면, 이제는 수용자가 주체적인 위치에서 능동적으로 참여하고 음악행위를 직접 수행(performative) 및 전파하면서 즐기는 것으로 바뀌고 있다.[23] 그로 인해 '음악하기'의 주된 관심사 또한 얼마나 정교하면서도 노련하게 음악적인 표현을 잘 할 수 있는가보다 새로운 것을 끊임없이 교체하면서 가볍게 소비하는 놀이적, 유희적 경험을 지향하는 경향이 짙다.

셋째, 정보통신기술 및 스마트 기기의 발달로 네트워크 시스템 안에서 과거에는 상상조차 어려웠던 원격연주를 통해 세계 각국에 퍼져 있는 사람들이 시공간적 제한을 벗어나 자신의 연주와 작업을 실시간으로 다른 사용자와 공유하며 감상하고, 함께 연주할 수 있는 가상 커뮤니티를 구성할 수 있게 되었다. 이처럼 가상과 현실이 통합된 탈공간적, 탈시간적인 쌍방향 소통방식의 확대는 향후 음악활동을 매개로 형성되는 사람들 간의 관계에 변화를 가져다 줄뿐만 아니라 미

---

23) 이러한 이용자의 음악참여활동은 디지털 매체의 특성인 '변형가능성'과 '수행성'이라는 개념과 연계되는 것으로, 음악작품이 예술가에 의한 원본성을 지닌 하나의 완성품으로 인식되기보다 조작 편집을 통해 변형 가능한 존재로 그 위상이 점차 변화되는 양상을 보인다는 사실과 맥락이 닿는 부분이다. 이에 대한 자세한 설명은 심혜련, "포스트 디지털 매체 시대의 예술에 관하여",『미학예술학연구』, 제43집, 2015, 12-30쪽 참조.

래에 창작되는 음악작품 자체에도 큰 영향을 미칠 것으로 보인다.

앞으로 뉴미디어와 기술진화가 음악문화에 커다란 변화와 발전을 가져다주리라는 것을 어느 누구도 부인할 수는 없다. 스마트 기기의 가상악기 앱 개발 역시 사람들의 오락적 취향에 발맞추어 그 진화를 거듭해나갈 것이 분명하다. 그럼에도 불구하고 과거의 아날로그 방식과 완전 차별화된 이러한 새로운 형태의 음악활동에 대해 몇 가지 우려 섞인 질문을 던지게 된다:

- 사람들이 오랜 수련의 시간을 거치면서 아날로그 악기와 직접적으로 맺게 되는 물리적 차원의 교류를 통한 즐거움(즉 손으로 두드리고, 퉁기고, 흔들고, 부는 과정을 통해 소리의 진동을 몸으로 직접 지각함으로써 얻게 되는 경험들)은 디지털 코드로 구현되는 스마트 기기의 가상악기에서는 완전 사라지는 것인가? 축소되는 것인가? 아니면 완전 새로운 차원의 소통으로 대체되는 것인가?
- 현장에서 면대면 접촉으로 이루어지던 사람들 간의 감정교류가 가상커뮤니티의 음악활동에서도 과연 가능한가? 아니면 음악경험이라는 것이 네트워크를 통해 순간의 연결만을 삼누는 단편적이고 피상적인 콘텐츠 교류로 전환되는 것인가?
- 다양한 경험과 음악적 표현 가능성을 확장시켜준다고 평가되는 가상악기는 기존의 악기가 담고 있는 상징적, 문화적 차원의 의미는 간과한 채, 악기를 단지 소리의 조작을 통해 즉각적인 반응과 오락적 즐김을 제공해주는 놀이 도구이자 서비스 수단으로 협소화시키는 것은 아닌가?

이러한 물음들은 향후 첨단기술 시대의 음악문화의 흐름에 대한 논의에서 스마트 기기의 가상악기의 진화 및 발전방향을 모색할 때 반드시 짚고 넘어가야할 부분들로 여겨진다. 그 이유는 기존의 악기를 연주하고 즐기는 방식과 스마트 기기를 매개로 한 가상악기의 향유방식이 어떤 점에서 다른가를 살펴보는 것이 가상악기가 우리에게 어떤 새로운 가치와 의미를 가져다주는 가를 파악하는 데 중요한 단서를 제공해줄 수 있기 때문이다.

4. 나가며

미래에는 디지털 미디어 기술의 급속한 발전과 더불어 좋은 성능을 가진 소프트웨어들이 대량 출시될 것이고 많은 사람들에게 일찍이 상상할 수 없었던 다양한 방식으로 음악을 누릴 수 있도록 많은 기회들을 열어줄 것이다. 기존의 전문가 음악집단에 의해 주도되었던 연주와 창작 활동에 일반 음악 수용자들이 더욱 능동적으로 개입하게 될 것이다. 음악과 다른 여러 분야 전문가들(예를 들어 영상미디어 디자이너, 컴퓨터 프로그래머, 컴퓨터그래픽 전문가, 앱 개발자, 사운드 엔지니어 등등) 간의 협업 또한 활발해짐으로써, 예술영역들 간의 경계가 모호해지는 장르복합적 성격 및 다중감각적 경험이 강조되는 방향으로 발전될 것으로 보인다. 그뿐만 아니라 인터넷의 일상생활화로 음악콘텐츠의 향유방식도 일방향적인 감상위주에서 탈피하여 쌍방향적으로 이루어지는 것이 크게 보편화될 것이고, 새로운 형태의 소셜형 기능이 부각된 음악콘텐츠들이 더욱 주목을 받게 될 것이다. 특히 스마트 기기를 활용하여 다른 이용자들과 함께 전 세계적으로 공유하며 즐기는 앱 기반의 음악서비스가 음악소통의 중요한 창구역할을 해나갈 것으로 예측되어진다.

그렇지만 이러한 편리성이 과연 사람들에게 음악을 더욱 깊게 느끼게 하고 예술을 보다 심오하게 이해하도록 도와줄지, 또 예술적 잠재성을 높여주는데 기여할 수 있을지에 대해서는 여전히 미지수로 남는다. 오늘날의 음악향유 방식을 보면, 클릭 한번으로 모든 것이 해결되는 디지털 체제의 편리함 속에서 더욱 빠르고 쉽게 접속해서 무한대로 많은 음악을 접할 수 있고 자신 스스로 편집, 조작 및 창작하는 것이 놀라울 정도로 수월해졌다. 그럼에도 불구하고 그것이 음악 자체를 충분히 음미하는 것이기보다는 다른 것의 배경으로 사용되는 경우가 태반이고, 새로운 음악을 빠른 속도로 소비하고 버리는 현상이 하나의 트랜드가 되고 있다. 이는 인터넷을 통해 여러 가지 음악을 접할 수 있는 양적인 기회는 엄청나게 늘어났음에도 그러한 양에 압도된 사람들의 음악 수용 방식이 진지한 것보다는 순간적이고 표피적인 것을 더 선호하는 경향이 강하다는 것을 시사하고 있다.

물론 첨단 기술이 점점 더 막강한 힘을 발휘하며 우리의 일상생활에 급격한 변화를 가져오리라는 것을 아무도 부정할 수는 없다. 그럼에도 불구하고 우리 시대와 상황을 보다 잘 이해하고 장차 나아갈 방향을 모색하기 위해서는 현재 새로운 테크놀로지 개입을 단지 경제적 이익과 효율성 측면에서만 바라보는 것은 한계가 있다. 음악분야에서의 새로운 매체 활용 또한 상업성과 편리성이라는 측면에만 치우쳐서는 안 되고, 사회문화적 차원에서의 의미와 가치에 대한 담론들이 지속적으로 병행되어져야 할 것이다. 이러한 논의 방향은 "매체는 단순한 도구나 수단정도가 아니라 우리의 일상생활, 의사소통체계, 존재방식, 가치체계, 사유방식에 이르기까지 영향을 미친다"라고 말한 미디어 이론가 매클루언(2011)의 주장과 맥을 같이 한다. 인간과 기계, 음악과 첨단 미디어 기술과의 관계에 대한 고민들을 통해 사회문화적 의미가 보다 진지하게 성찰되고, 이로써 과학 기술과 인간이 서로 상호작용하면서 상호 보정할 수 있는 시스템들은 음악과 관련된 영역에서도 폭넓게 구축될 수 있기 때문이다.

참고문헌

마이클 채넌(박기호 역),『음악녹음의 역사: 에디슨에서 월드뮤직까지』, 서울: 동문선, 2005.

마셜 매클루언(김상호 역),『미디어의 이해: 인간의 확장』, 서울: 커뮤니케이션북스, 2011.

마크 카츠(허진 역),『소리를 잡아라』, 고양: 마티, 2006.

박선민, "디지털 시대 한국 대중음악의 변화양상 연구", 고려대학교 박사학위논문, 2017.

박은아, 김이경, "무용공연에서 3차원 입체 홀로그램의 적용과 확장 가능성",『대한무용학회논문집』, 제70권 2호, 137-155쪽.

송화숙, "So cool, so hot - 1990년대로의 전환기 한국대중음악에 대한 매체문화사적 고찰",『대중음악』, 제5집, 2010, 25-49쪽.

심혜련, "포스트 디지털 매체 시대의 예술에 관하여",『미학예술학연구』, 제43집, 2015, 3-30쪽.

조종학, "첨단 미디어 기법을 활용한 공연 콘텐츠에 관한 연구",『한국디자인문화학회지』, 제21집(2호), 2015, 637-645쪽.

한국콘텐츠진흥원 기술개발 보고서, "창작뮤지컬 '투란도트'의 창조적 연출효과 극대화를 위한 지능형무대공연 기술", 2012.

Taylor, Timothy D. Strange Sound: Music, Technology, and Culture, New York: Routledge, 2001.

Wang, G., Essl, G. and Pentinnen, H. "The Mobile Phone Orchestra", Oxford Handbook of Mobile Music Studies, vol. 2, New York: Oxford University Press, 2014, pp. 453-469.

Wang, G. "Designing Smule's Ocarina: The iPhones Magic Flute", Proceedings of the International Conference on New Interfaces for Musical Expression(NIME), Pittsburgh, 2009, pp. 303-307.

지식의 지형도 변화와 참조체계로서 빅 데이터, 그 허와 실

박치완 (한국외국어대학교 철학과 및 대학원 글로벌 문화콘텐츠학과 교수)

"우리가 지식에서 잃어버린 지혜는 〔대체〕 어디에 있습니까? 우리가 정보에서 잃어버린 지식은 〔또〕 어디에 있습니까?" - T. S. Eliot.

"소위 우리가 과학의 시대에 살고 있다는 것은 진부한 이야기이다. 하지만 모든 진부한 것들〔즉, 상식〕이 그렇듯, 이는 부분적으로만 참이다." - B. Russell.

1. 상식과 반상식이 공존하는 이 시대의 지식(?)

인터넷의 유용성 자체를 부인할 사람은 아마 없을 것이다. 문제는 그 폐해다. AI, Big Data, IoT, STEM, SNS에 대한 논의에 있어서도 일방적 추종이나 찬사보다 성찰적 태도가 필요한 까닭이 여기에 있다. 이것들에 대해 무턱대고 박수만 치거나 박수치는 일에 동원될 일이 아니란 뜻이다.

학문이 미디어나 정치에 동원되는 것은 학문의 본질을 흐리게 할 가능성이 높다. 양지가 있으면 음지가 있기 마련이다. 일찍이 하이데거가 경고했듯, 최근 일각에서 인공지능의 개발을 정당화하고 이를 산업발전, 경제성장의 원동력으로 삼아야 한다는 담론들을 지켜보노라면 필자는 마치 인간이 "기계의 '부품'"으로 전락해도 된다는 말처럼 들린다.[1] 심지어는 공감(empathy) 개념을 기술과의 공감이라는 망탄(妄誕)같은 주장을 펼치는 칼럼리스트도 있다.[2]

1) 마틴 하이데거, 『기술과 전향』, 이기상 역, 서광사, 1993 참조.

2) 토마스 프리드먼, 『늦어서 고마워』, 장경덕 옮김, 21세기북스, 2007 참조. 프리드먼은 주지하듯 미국을 대표하는 신자유주의적 세계화의 전도사이다. 그는

하지만 증세 없는 복지가 공허하게 들리듯, 기술제일주의자들의 장밋빛 청사진에 속에는 기술 및 정보 장악을 통한 '세계지배'의 야욕이 도사리고 있다는 것을 간과해선 안 된다. 최근 국내의 매스컴을 뜨겁게 달구고 있는 디지털기술혁명이 4차 산업혁명을 이끌 것이란 청사진도 마찬가지 경우라 생각된다. 기술 혁신도 좋지만, 이로 인해 해고될 노동자에 대한 심찰(審察)이 반드시 수반되어야 한다는 뜻이다. 미국이나 독일, 프랑스나 일본과 같이 원천기술을 보유하지 않는 국가라면 더더욱 기술제일주의자들의 유인책에 뇌동부화하기보다 비판적 거리를 유지할 필요가 있다. 시장 경제의 논리는 주지하듯 모든 것을 사유화(privatisation)하며, 자연자원은 말할 것도 없고 심지어는 인류공동의 자원인 문화, 지식까지도 악용하고 있다.[3]

물론 ICT는 가히 새로운 '문화들'을 창조했다고 할 정도로 인류에게 '혁명적 변화'를 안긴 게 사실이다.[4] 사람들에게 '지구촌(global village)'이 탄생되었다는 환상을 갖게 한 것도 ICT 덕분이다. 맥루한의 예언적 선언이 현실 속에서 구현된 셈이다. 문자 그대로 명실상부한 '하나의 세계(One World)'의 시대가 도래한 것!

세계화로 인해 로컬 국가들이 직면한 문제들을 직시하기보다 "세계는 평평하다"는 전제로 국경 개방, 자유무역의 필요성만을 강조하는 대표적 이론가이다. 그는 이 책에서도 국가적 리더십에만 의존하지 말고 이제는 개개인이 AI와 같은 기술의 가속도를 따라잡기 위해 '기술공감형' 인간으로 거듭나야 한다고 역설한다.

3) 이에 대한 대대적인 연구로는 B. Schlemmer, J.-Y. Martin, A. S. Ahmed et R. Waast, "Le défi de la mondialisation: marchandisation ou partage des savoirs, *Développement durable?: Doctrines, pratiques, évaluations*, Marseille: IRD Éditions, 2002 참조.

4) W. Griswold, *Cultures and Societies in a Changing World*, Sage, 2013, pp. 146~149 참조.

이를 우리는 상식처럼 받아들인다. 그런데 '지구촌이 하나'라고 외치는 사람들이 늘수록 이로 인한 피해를 고스란히 감해야 하는 지구촌 시민들 또한 늘고 있다는 사실을 간과해서는 안 된다. 요컨대 세계화에 저항하는 세력들 또한 동시에 늘고 있다는 사실을 직시해야 한다는 것이다. 그 이유는, 그리스올드에 따르면, 아래와 같은 질문을 피해갈 수 없기 때문이다; "만일 어떤 공동체가 다양한 문화들과 접경해 있다면, 그리고 한 국가의 문화가 외부로부터 점증적으로 침투된다면 급기야는 '글로벌 문화(global culture)'가 '국가의 문화(national culture)'를 대체하는 상황도 예측해볼 수 있다. 이것이 과연 세계가 곧 '하나의 행복한 공동체(one happy community)'라는 의미인가?"[5]

우리가 직면하고 있는 세계는 이렇듯 상식이 통하는 세계보다 상식에 반하는 행태들을 접하는 수가 더 많다. 소통과 공감, 평화와 정의도 말뿐이고, 지구촌에서는 거의 매일 전쟁과 학살이 끊이지 않고 있다. 허니 "이성, 의지, 양식과 같은 개념은 작동되지 않는다"[6]고 할 밖에! V. 베자가 "'타자의 진리'는 존재하지 않는다"고 선언한 이유가 어디에 있겠는가. 최근의 '트럼트주의'가 우연한 변이겠는가. 빅 데이터의 오용은 충분히 '최악의 마왕'을 용인하는 결과로 이어질 수도 있다는 뜻이다.[7]

이런 현실에 비춰보면, 상식과 반상식, 진실과 거짓은 서로 소통하지 않는다고, 감히 말할 할 수 있다. 그렇다. 상식과 반상식, 진실과

5) *Ibid*., p. 149.

6) V. Béja, "La vérité de l'autre", *Gestalt*, n° 34, 2008, p. 118.

7) F. A. Noor, "How *Big Brother* Became the *Great Satan*", *The Anti-American Century*, Budapest: Central European University Press, 2007(http://books.openedition.org/ceup/978), p. 2.

거짓은 서로 상충한다. 중심국과 주변국, 선진국과 저개발국, 테크놀로지와 인문학은 서로 호류(互流)하며 공동 목표를 향해 같은 길을 걷지 않는다. 이렇게 두 세계는 맞서 있고, 그 맞선 현실 위에서 우리는 나날을 살아간다.

그렇다면 그 맞섬의 피해자는 과연 누구이겠는가? 본고의 논제와 이를 연결시켜보자면, 그것은 바로 선량한 시민, 즉 '인간'이고, '인간학'이며, '인문학'일 것이다. 제사에서 인용한 T. S. 엘리엇의 지적처럼, 그렇다면 우리는 요의 '정보'에 '지식'을, 지식에 '지혜'를 양보해서는 안 되는 것 아닌가?

이 글에서 우리는 이러한 문제의식을 가지고 소위 데이터 과학(Data Science)의 허와 실을 살펴보고자 한다. 그 이유는 무엇보다도 '빅데이터의 주술'이 인문학 자체를 천이(賤易)하게 여기는가 하면 황폐화시키는 주범이라고 판단해서다. <Google Earth>가 그렇듯, 21세기형 지식은 Web 안에서 Big Data를 기반으로 해서 집단적으로 생산되고 소비되어야 한다는 억측도 그렇지만 데이터 과학이 '신과학'이니 묻지 말고 좇기만 하라는 '강압적 요구'도 상식적으로 수긍이 가지 않기 때문이다.

2. 지식의 지형도 변화와 '인간', 인간학, 인문학의 탈영토화

2008년 세계미래포럼에서 빅 데이터를 '21세기의 원유'라고 계설(界說)한 바 있다. 이는 역설적으로 '데이터'는, 원유가 그렇듯, 정제 과정이 필요하다는 함의를 내포하고 있다. 그런데 여기서 문제는 누가, 왜, 어떻게 원유-데이터를 가공하는가에 달려있다. 그리고 이 정제되지 않은 데이터는 0 또는 1의 값을 가진 비트(bit)를 기본단위로 해서 비트 시퀀스로 1차 가공되어 정보가 되고(bytes), 이 정보는 다시 지식의 단계를 거쳐 종국에는 지혜(데이터 → 정보 → 지식 → 지혜)가 된다는 것이 데이터 과학자들이 말하는 데이터의 일반적 공정이다.

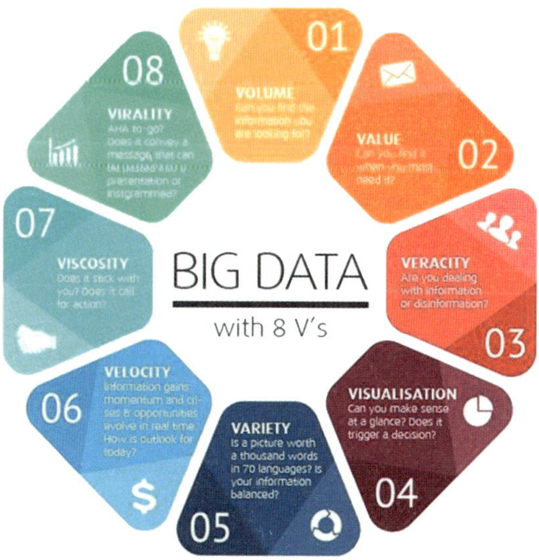

그림 1. Big Data Technology with 8 V's(https://www.m-brain.com/home/technology/big-data-with-8-vs)

이들 데이터 과학자들의 주장을 백번 양보해 만일 어떤 정보 속에 우리가 원하는 내용, 의미가 있다고 치자. 허나 정보가 내용, 의미 연관을 갖자면, 즉 가공되지 않은 데이터 단계에서 지식의 단계에 이르려면 당연 조작(수리적·인과적 재구성) 과정을 거쳐야 한다는 것은 상식에 속한다. 하지만 분명한 사실은 이 분야의 전문가들도 용인하듯, "정보와 지식 간의 경계는 명확하지 않다." 뿐만 아니라 데이터의 저장 방식도 천차만별인데다가 대개는 영구 저장 데이터가 아니라 플래시 메모리이며, 데이터에의 접근도 무작위 방식(random access)이다.[8] 그러니 데이터 관리나 데이터 베이스이론가들이 판단할 때에도 빅데이터를 이용해 '새로운 지식 모델'을 예측한다는 것은 생각보다 복잡하며 예측이 되지 않은 상황이 변수로 작용할 수 있다는 점을 고려하지 않으면 안 된다고 주장한다.

이런 까닭에 필자는 작금의 '데이터의 설화(說話)'는, 인간-(닮은)-로봇 만들기(AI) 프로젝트가 그렇듯, 상당 부분 상식을 앞지르는, 마치 주식 투자심리와 크게 다르지 않다고, 감히 평가하고 싶다. 지식의 생산, 더 엄밀한 의미에서 지식의 창작과 지혜의 함양 및 공유가 목표인 인문학 영역에까지 데이터 과학이 '객관적 분석 방법'이라는 잣대를 들이대 개입하려는 것은 적절한 태도가 아니라는 것이다. 왜냐하면

i) 인문학은 기본적으로 인터넷 상에 떠도는 Big Data에 의존해 기술결정론적으로 생산되는 의사학문(pseudoscience)이 아니기 때문이다.

ii) 게다가 인문학은 컴퓨터 기술자 집단에 의해 생산된 지식이기

8) S. Abiteboul, "Data Sciences: From First-Order Logic to the Web", Inaugural lecture given on Thursday 8 march 2012, Collège de France(http://books.openedition.org/cdf/506), p. 16~17 참조.

보다 순수한 개인 창작에 그 본질이 있기 때문이다.

iii) 그리고 인문학은 가상의 공간에서 검색을 즐기는 무국적인들을 위해 생산되는 것이 아니라 현실적 장소(공간)를 기반으로 로컬시민들을 위해 생산된다는 점 때문이다.

iv) 이런 3가지 이유 때문에 인문학은 경제학이나 경영학에서처럼 상품화(자본화) 가능성에 연구목표가 있는 것이 아니라 인간, 인간과 사회, 세계와 우주에 대한 탐구를 포괄적으로 연구하는 학문분야라는 데 그 변별점이 있다.

인문학이 경제-기술기반지식(knowledge based economy and technology)과 구분되는 결정적 이유가 여기에 있다.[9] 인문학을 컴퓨터운영체계(Operating System)가 바뀌었기 때문에, 마치 바뀐 운영체계에 적응·생존하기 위해 이제 디지털화, 시각화만이 살 길이라는 꾐수에 속아서는 안 되는 것도 같은 이유 때문이다. 이제 바야흐로 '디지털인문학'의 시대가 도래했으니, 연구도 가르치는 것도 도구적·매체적으로 접근해야 한다는 설된 주장은 어불성설에 불과하다는 뜻이다.[10]

부적절한 권위에 호소하는 오류를 감안하고 인용해보건대, 미국을 대표하는 학자들(화학자인 하버드대학의 죠지 화이트사이드를 비롯한, 소프트웨어 개발자, 시각화 과학자, 그래픽 아티스트 및 인지 심리학자 등)이 한 자리에 모여 데이터 과학(특히 the human visual system)에 대해 집중 토론한 결론은 우리가 위에서 제기한 의심의 범위를 크게 벗어나지 않고 있다.

---

9) 박치완, 「기술-경제 세계화 시대의 지식과 인간」, 『인문콘텐츠』 제44호, 2017 참조.

10) 박치완·김기홍, 「디지털인문학, 인문학의 창발적 변화인가?」, 『현대유럽철학연구』 제38집, 2015 참조.

"우리가 순수이론가, 실험가, 도구 및 소프트웨어 개발자, 시각화 과학자, 그래픽 아티스트 및 인지심리학자와의 대화를 통해서도 가설에서부터 이해까지 모든 단계를 알지 못한다면, 우리는 디스플레이가 정확한 것인지 잘못된 것인지를 확신할 수 없다. 가장 큰 기회와 위험은 경로의 마지막 단계인 이해(understanding)이다. 언어적이든 시각적이든, 왜곡되거나 모순된 언어로는 이 프로젝트를 그르칠 수 있다. 허니 토론해야 한다. 모든 것을 〔터놓고〕 이야기해야 한다."[11]

인용문에 기준해 보면, 'Big 데이터'에 의존하건 'Small 데이터'에 의존하건 데이터-과학(?)은, 물론 출발 단계에서부터 용도 자체를 전면 부인할 것까지는 없지만, 그것이 '신과학'으로 포장되거나 또는 '신지식 모델'이라고 추종하는 것은 다분히 반상식적 행동일 수 있다는 것이다. 위 인용문에서도 재삼 확인할 수 있듯, <데이터 ↔ 정보 ↔ 지식>의 '관계'에 대한 토론이 여전히 진행 중이기 때문에 더더욱 우리는 빅 데이터를 '신과학'이나 '신지식 모델'로 섣불리 단정하고 마음을 내주어서는 곤란하다.

위 <그림 1>를 다시 보라. 데이터 과학의 8대 구성 요소 중 어느 것 하나 우리가 가벼이 여겨도 될 만큼 만만한 요소는 없다.[12] 이런 상황

---

11) F. Frankel, R. Reid, "Distilling meaning from data", *Nature*, vol. 455, 4 sept. 2008, p. 30.

12) 참고로 IBM에서는 초기에 Big Data의 4대 요소(Volume, Velocity, Variety, Veracity)만을 언급했었다(최근엔 Value를 포함해 5대 요소라고 하고 있지만). 상식적인 해석이지만, IBM측이 데이터의 가치(Value)를 궁금해 해야 할 이유는 없다. 새로운 정보, 지식을 검색하는데 있어 빅 데이터에 접근한다는 것은 유익한 일이다. 그러나 가치가 없거나 가치를 부여 할 수 없는 데이터는 아무리 덩치가 큰 것이라도 무용하다. 따라서 '가치'가 빅 데이터의 가장 중요한 요소라는데 이견이 있을 수 없다. 그런데 문제는 여기에도 함정이 있다. 바로 비용을 줄이고 이득을 늘리기 위한 비즈니스 모델로 빅 데이터가 활용되는 예가 태반

에서 '디지털 지혜'까지 언급하며 데이터 과학을 전통과학이나 전통적인 지식을 대체할 수 있는 '신이론'이라고 기정사실화하는 것은 필경 논점선취의 오류라 하지 않을 수 없다.[13]

재삼 강조하지만, 인문학은 국적불명의 익명적 데이터들에 기초해서 생산되는 그런 학문이 아니다. 무엇보다도 인문학은 로컬장소에 기반한 문화적 특유성에 그 생명력이 있다.[14] 때문에 인문학은 서로 다른 로컬 학자들 간에 의견이 일치하지도 않을 수도 있고, 로컬 별로 추구하는 가치 또한 얼마든지 다를 수 있다. 그런즉 더더욱 인문학은 수학적이고 기계적인 비트로 전환되어 글로벌 시장에서 생산되고 소비되는 상품과 구분할 필요가 있다. 그리고 무엇보다도 인문학은 '글로벌-보편 학문'이기보다는 다분히 '문화상대적인 학문'이라는 점을 잊어선 안 된다. 인문학이 "'하나'의 언어", "'하나'의 세계"로 디지털화될 수 없는 이유도 바로 여기에 있다.

최근 이 문제를 2002년부터 2007년까지 F. 쟈콥이 연구책임자가 되어 역사학자, 지리학자, 민족지학자, 언어학자, 인류학자, 철학자 등이 공동 연구한 결과에서도 정확히 드러나듯, "인문지식은 장소에

이기 때문이다. 참고로 최근 들어서는 연구자들이 6번째 요소로 Complexity(복잡성)를 포함시키고 있으며, 기술적으로는 <그림 1>에서 보듯, Visualisation(시각화), Viscosity(점성계수), Virality(바이러스감염도)를 추가해 8대요소라 한다.

13) S. Palmer, *Digital Wisdom: Thought Leadership for a Connected World*, York House Press, 2012 참조. 흥미로운 사실은 학자들의 비판적 의견과 달리 신문 칼럼리스트들이 앞장서서 데이터 과학을 광고·선전하고 있다는 점이다. T. 프리드먼이 그랬듯, 팔머 역시 정치가들, 글로벌 기업의 CEO들에게 '디지털 리더'가 되라며 이렇게 '무용한 정열'을 발휘하고 있다는 게 필자의 판단이다. 그에 따르면 현대처럼 '접속세계'에서 필요한 디지털 지혜는 다음 세 가지의 상관성을 이해해야 한다는 것이다: <New World Order = Digital Leadership = Digital Marketer>

14) 나카무라 유지로, 『토포스: 장소의 철학』, 박철은 옮김, 그린비, 2012 참조.

기반한다."[15] 이렇듯 인문학은 처소가 달라지면 사용언어가 달라질 뿐만 아니라 독자의 반응 또한 판연히 달라지기 마련이다. 이런 이유 때문에라도 이제 인문학은 문화권별로 미묘한 문화적 차이를 밝히기 위해 배가(倍加)의 노력을 해야 하며, 나아가 여타 학문영역(특히 사회과학 분야)과의 교류도 모색해야 하고, 특히 비교문화적 관점에서 상대 문화를 상호-참조하는 기회를 가져야 한다는 것이 이들 공동연구자들이 최종적으로 내린 결론이다.[16]

과학의 경우는 그렇다면 인문학과 달리 모든 로컬을 초월해 글로벌-보편성을 견수(堅守)할 수 있는 것일까? 그렇다면 대체 '과학사'가 어떻게 존재할 수 있단 말인가? 과학사가 존재한다는 것은 기본적으로 모든 시공간을 초월해 적용 가능한 "'하나'의 절대(통합)과학"이 존재하지 않는다는 말과 같다. 그렇다. 아인슈타인의 상대성이론도 하이젠베르크의 불확정성의 이론도 전통의 물리학과 기하학의 이론적 한계(오류)에 대한 수정작업의 결과다. 뿐만 아니라 과학적 지식도 철학과 예술, 정치학이나 경제학과 무관하거나 완전히 독립된 글로벌-보편 학문이 아니다. 21세기가 '융복합'의 시대라는 것은 이미 상식으로 통한다. 그런데 여기서 유념해야 할 것이 하나 있다. '융복합'은 아직은 다양한 학문분야의 연구자들이 함께 연구한 결과로 도출된 결과물이 아니라는 점이며, 당위적 정당성을 가지고 있지도 않다. '융복합'이 하나의 목표, 가정일 수는 있어도, 비록 시대적 수요와 시장의

15) C. Jacob, *Qu'est-ce qu'un lieu de savoirs?*, OpenEdition Press, 2014(http://books.openedition.org/oep/423), pp. 1~54 참조.

16) 이들의 연구 결과는 2권의 책으로 출간되었다: *Lieux de savoir: Espaces et Communautés*(Albin Michel, 2007); *Lieux de savoir: Les Mains de l'intellect*(Albin Michel, 2011).

요구 때문에 '융복합'이란 깃발을 내걸고는 있지만, 이제 막 걸음마를 떼기 시작한 수준에 불과하다. 같은 이유 때문에도 디지털화된 정보에 기반한 데이터 과학이 '지식들 중의 지식(Knowledge of knowledges)'이라도 되는 양 호들갑을 떨 일은 결코 아니다. 데이터 과학이 신지식의 보루라는 반상식적 계교(計巧)에 속아 넘어가는 것이 오히려 바보다. 쟈콥의 표현대로, 현대는 지식들(savoirs)의 시대이지 결코 절대지식(Savoir)의 시대가 아니다.[17] 융복합은 절대지식을 지향하는 것이 아니라 서로 다른 지식들 간의 협력이 모토다.

데이터 과학은 과연 과거의 전통적인 과학적 탐구보다 '더 과학적이며, 더 가치 있고, 더 유용한 지식'일까? 인간의 이성을 비상식적으로 도구화(계산적 이성만을 이성이라고 믿는)하는 것도 모자라 아예 컴퓨터의 알고리즘에 인간의 세계 인식 능력 자체를 의탁하라는 것인가?[18] 데이터 과학자들은 심지어 측정 가능하지 않은 인간의 능력까지도 계산 가능하다고 '확신'하는 경향이 있다. 이러한 발상은 인간을 자동기계(automate)에 빗댄 데카르트의 전제를 '참'이라고 인정할 때나 비로소 가능한 가설이다. 하지만 인간이 자동기계가 아니라면, 어떻게 될까? 구글 딥마인드(DeepMind)가 개발한 인공지능 바둑 프로그램인 '알파고(AlphaGo)', 알파고와 이세돌의 바둑대결을 놓고 항간에서는 "기계가 인간의 능력에 앞선다"는 평가를 하곤 했는데, 이는 어디까지나 '계산능력'에 국한된 것이라는 점을 이 자리에서 우리는 분명히 해둘 필요가 있다.

재삼 강조하지만, 인간은 계산 능력만 가지고 있는 존재가 아니라

---

17) C. Jacob, *op. cit.*, chap. 2: Savor et savoirs 참조.

18) 이에 대한 비판적 언급은 D. M. Berry, "The Computational Turn: Thinking about the Digital Humanities", *Culture Machine*, vol. 12, 2011, pp.1~22 참조.

감성능력, 창의능력 등 주어진 데이터들을 변환시키는 능력도 겸비하고 있다. 해서 우리는 소수의 도구주의자(instrumentaliste), 과학주의자(scientiste)의 충분히 '삿되다' 평가할 수 있는 편견을 맹목적으로 믿고 좇는 것은 비상식적인 행동이라는 점을 분명히 해 두고자 한다. C. 티에르셀린에 따르면, 데이터 과학자들은 이론(theory)의 일반화에 대한 고민은 차치하고 오직 자신들이 분석하는 데이터에 기반한 믿음(belief), 예언(prediction)을 믿고 따르라고 간청하고 호소한다.[19] 하지만, 제사에서도 러셀의 입을 빌어 암시했듯, 이들 컴퓨터 알고리즘 편애주의자들의 주장은 "부분적으로 옳을 수(partiellement vrai)"[20]는 있지만 중요한 것은 그게 '전부'가 아니고 '부분'이라는 사실을 망각해선 안 된다.

모든 도구가 그러하듯, 일부 기능이 탁월한 것만으로 우리는 그것이 전적으로 탁월(全能)하다고 말할 수 없는 법이다. 게다가 데이터 과학은, J. 포웨이에 따르면, "데이터의 무엇(what of data)"에 대해서는 할 말이 있을지 몰라도, "왜라는 질문(question of why)" 자체를 아예 간과한다는 게 결정적 딜레마이다.[21] 따라서 '어떻게(how)'가 아무리 정교하게 제시된다고 해도, 그것으로는 결코 '왜'라는 근원적 질문을 해소할 수 없다.

상식적으로, 데이터 과학의 효용성을 전면적으로 부인할 사람은 아무도 없을 것이다. 하지만 현금의 데이터 과학의 행보는, J. 부베

---

19) C. Tiercelin, *La métaphysique et les sciences: Les nouveaux enjeux*, Collège de France, 2014(http://books.openedition.org/cdf/3685), p. 56.

20) B. Russell, *The Scientific Outlook*, George Allen & Unwin, 1931, p. 9.

21) R. Kitchin, "Big Data, new epistemologies and paradigm shifts", *Big Data & Society*, Sage, 2014(bds.sagepub.com), p. 5.

르스의 해석이 직시하고 있듯, "인식 일반(connaissance en général)", 다시 말해 새로운 인식론의 영역을 개척했다고 평가하기에는 해결해야 할 난제가 첩첩산중이다.[22] 서론에서 우리는 '빅 데이터의 주술'이 인문학을 황폐화시키는 주범이라고 언급한 바 있다. AI, IoT가 그렇듯, 온갖 미디어를 장식하고 있는 빅 데이터에 관한 뉴스들은 기실 'Big Problems'을 교묘히 은닉시키고 있는 것은 아닌지?[23] 은닉된 문제란 응연 '윤리적인 물음'이다. 페르필드와 슈타인이 이를 문제삼는 것은 당연 상식적이다. 이들의 지적대로, "빅 데이터를 연구 할 때, 기술과 비용의 상황변화로 인해 윤리적인 얼개(an ethical framework)를 놓치는 수가 있다." 결국 "유용성 극대화 원칙(a utility maximization principle)"이 '왜'라는 근원적이고 윤리적 물음을 간과하게 하는 직접적 원인인 것이다.[24]

앞서 인문학의 고유성에 대해 설명하는 자리에서 우리는 인문학을 경제-기술기반지식과 구분해야 한다고 강조한 바 있다. 그렇다. 지식이 경제-기술기반지식이나 빅 데이터의 연구에서처럼 유용성, 효용성만을 탐구 목표로 삼다보면 인류공동체를 위험 상황에 처하게 할 수도 있다. 「Big Data, Big Problems」의 공저자가 비유적으로 강조한 대로, 해서 우리는 학문의 사회적 책임의 문제를 결고 가벼이 여겨서는 안 되며, 사회윤리적 책임은 "더 큰 건초 더미에서 더 작은 바늘을 발견"하는 것과 같기에[25] '무엇'보다 '왜' 그리고 '어떻게'의 물음에 관

22) J. Bouveresse, "Promesses et dangers de la ≪société scientifique≫: Les inquiétudes de Bertrand Russell", *À temps et à contretemps: Conférences publiques*, Collège de France, 2012(http://books.openedition.org/cdf/2053), p. 53.

23) J. Fairfield & H. Shtein, "Big Data, Big Problems: Emerging Issues in the Ethics of Data Science and Journalism", *Journal of Mass Media Ethics*, n° 29, 2014 참조.

24) *Ibid*., p. 48.

25) *Ibid*., p. 49.

심을 집중해야 한다. 무량(無量)으로 밀려드는 데이터의 파고를 견뎌 내려면 '데이터가 유도하는 과학'에 귀를 내어줄 것이 아니라 '윤리가 유도하는 데이터 과학(ethic-driven data science)'이 될 수 있도록 두 눈을 크게 떠야 한다는 것이다.

바네스에 따르자면, 데이터의 이용은 "무엇임(what is)"보다 "무엇이 되어야 하는지(what should be)"에 초점이 모아여야 한다.[26] 우리가 데이터를 지식, 지혜와 혼동해서는 안 되는 이유가 바로 여기에 있다. 오늘날 데이터는 산지사방에 흩어져 있다. 그래서 "우리는 '데이터를 구하기 위해' 데이터를 수집하는 것인가?"[27] 지리학자인 바네스가 이렇게 우리에게 질문을 던지는 것은 데이터 과학이 이론적 근거로 삼는 수학적 형식만이 지식의 전형이 아니라는 점을 우리에게 환기시키고자 해서다.

요컨대 수적 형식(numerical form)만으로 지리적 문맥이 환치될 수 없기 때문에 빅 데이터를 통한 정량적 연구만으로는 로컬 지리를 왜곡·호도하는 것은 물론이고, 심지어는 비극적 결과도 초래할 수 있다는 것이다.[28] 데이터 과학이 제시하는 "숫자", 즉 데이터의 양은 "결코 순진무구한 것이라 할 수 없다." "숫자는 스스로에게 말하지 않지만 그것이 실현하려고 하는 가정에 대해서만큼은 말한다"[29]고 했던가. 이는 결국 악의적 권력에 동원된 데이터는 충분히 많은 사람들에게 피해를 줄 수 있다는 뜻이다.

---

26) T. J. Barnes, "Big data, little history", *Dialogues in Human Geography*, vol. 3, n° 3, 2013, p. 300.

27) *Ibid.*, p. 299.

28) *Ibid.*

29) *Ibid.*, p. 300.

Kilo	Mega	Giga	Tera	Peta	Exa	Zette	Yotta
10^3	10^6	10^9	10^{12}	10^{15}	10^{18}	10^{21}	10^{24}

역사도 진보하고, 지식도 진보하며, 세계에 대한 인간의 인식도 진보하여 결국 지구촌의 모든 국가 공동체 구성원들이 풍요로 넘쳐나는 선진사회에서 타자, 이웃들과 함께 행복하게 잘 살 수 있다면 얼마나 좋겠는가. 위정자들이 상식이 통하는 통치만 해왔어도 전 세계적으로 지금과 같은 양극화시대, 차별의 시대, 반상식의 시대는 이미 극복했을 것이다. 그러나 현실은, 누차 언급했듯, 늘 반상식이 지배하고, 반상식을 상식처럼 위장하려니 수사만 난발(亂發)하는 것 아니겠는가.

해서 우리는 어떤 학문에 권위를 부여할 때 항상 신중한 태도를 취할 필요가 있다. 데이터 과학도 예외가 아니며, 위험과 실망은 우리가 그것에 권위를 부여한 양에 정비례한다는 점을 잊어선 안 된다. 지금으로부터 80여 년 전 B. 러셀은 일찍이 다음과 같이 경고한 바 있다.

"사회가 과학적 인식(connaissance scientifique)을 촉진시키는 것은 인간 삶(vie humaine)에 가치를 부여하는 다른 주요한 인식들에 빈하지 않은 것일 때 훌륭한 것이다. 그러나 만일 사람들이 과학적 인식이 아닌 것에 대해 모든 표현 수단을 금지하는 것에 과학적 인식의 권한을 부여한다면, 과학적 인식은 잔인한 독재의 형태(une forme de tyrannie cruelle)가 되고 말 것이다. 확신컨대, 세계가 이런 종류의 독재에 종속되는 경우가 바로 〔내가 염려하는 과학적 인식의〕 실제적 위험(un danger réel)이다. 이러한 까닭에 나는 통제되지 않은 과학적인 조작(manipulation scientifique non contrôlée)이 만들기를 원하는 세계의 불길하

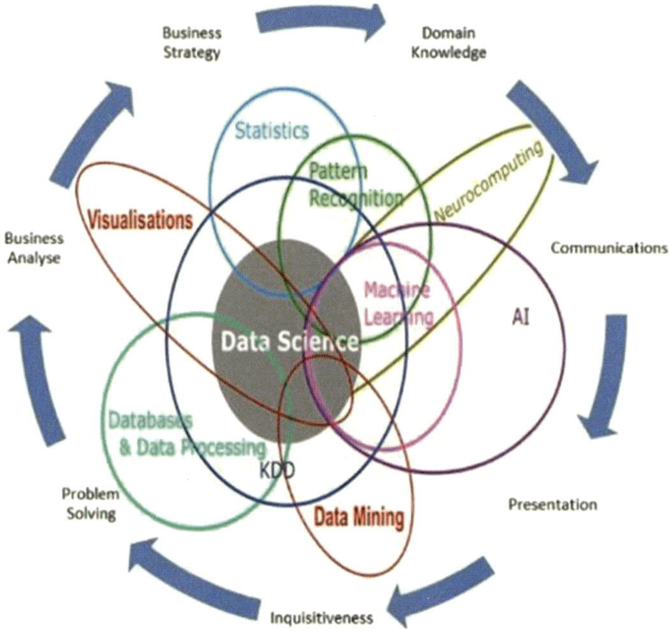

그림 2. "Data Science and Multidisciplinary"(by Brendan Tierney, 2012)

기만 한 특징들에 대해 주저하지 않고 의견을 표하는 바이다."[30]

데이터 과학을 절대시하는 것이나 AI에 대해 최초로 정의했던 A. 터링을 마치 신처럼 신격화하는 것이나 러셀의 경고를 피해갈 수 없을 것이다. 더더욱 AI가 인간의 "통제"를 벗어나 '자율적으로 진화하는 기계'라는 헛된 믿음을 갖는 한 말이다![31] <그림 2>에서 보듯, 현대판 과학적 획일주의는 마치 블랙홀처럼 디지털화된 모든 것을 제 손 안에 넣어 통제하고자 한다. 제 손 안에 넣고서 데이터 과학이 '제일 철학'이라도 되는 양 선전하고 광고한다. 이런 상황에서 인문학자가

30) J. Bouveresse, *op. cit.*, p. 1(제사에서 재인용).

31) S. Abiteboul, *op. cit.*, p. 7 재인용.

할 수 있는 게 무엇이겠는가? 대답은 이미 주어져 있는 것이나 다름없다. 과학이란 미명 하에 모든 것을 디지털 획일화로 유도해가는 것에 저항하는 것, 이것 말고는 없다.

빅 데이터이건 융복합이건 학문 간에, 학자들 간에 상호 교류/소통/토론의 가치를 존중할 때 비로소 '과학(?)'은 널리 공유되면서 새로운 지식으로 인정받고 또 그 결과 학계에서 나름 위상을 인정받게 될 것이다. 역설적으로 말해, 디지털신기술을 통해 일종의 통합학문적 정당성이나 필요성만을 강조하는 것은 반상식적 처사라는 것이다. 이는 모든 학문을 단일화하려는 배타적 논리와 유사하다. 모든 학문을 디지털화하여 기술-경제의 모델을 제일가치로 여기는 것이 과연 학문탐구의 정상적인 행로라고 할 수 있는지 숙의할 필요가 있다는 뜻이다.[32] 학문은 모름지기 기술-경제의 조정자들의 손에서 벗어나 '인간'을 위해 복무할 때, 그 때 비로소 이 세상이 더 행복하고 더 평화롭게 '진화'할 것이란 믿음의 공유가 그 어느 때보다도 필급한 시점이라 하겠다.

F. 뒤몽이 역설한대로, '인간의 자리(le lieu de l'homme)'가 없는 학문, '인간'까지도 기술과 경제를 무기로 농락하려는 학문은 학문으로서 자격이 없다.[33] 지금 우리에게 필요한 것은 '지식'의 관리 및 통제, 소유, 상품화가 아니라 '참 지혜'의 함양에 있다. 개인의 의사 결정도 본인이 직접 하지 못하고 기계에 의존하는 인간들, 기계의 능력을 자신

32) 관련된 책들은 부지기수이지만 1권만 소개하자면 F. Provost & T. Fawcett, *Data Science for Business. What You Need to Know About Data Mining and Data Analytic Thinking*, O'Reilly, 2013.

33) F. Dumont, *Le lieu de l'homme. La culture comme distance et mémoire*, Montréal: Éd. HMH, 1968 참조. 뒤몽은 이러한 포스트휴먼적 경향의 학문을 비판하며 철학의 필요성과 시의 중요성을 강조한다.

의 능력보다 더 탁월하다고 믿는 인간들, 이렇게 기계의 시중을 드는 것으로 만족하는 못난이들, 그들이나 믿는 '신(iGod)'[34]이야말로 이 시대의 빅브라더가 아니고 무엇이겠는가? A. 핀켈클라우트의 말을 빌어 감히 강조하건데, 인간의 삶에 관한한 기술이나 과학으로는 인간의 문제에 "전적으로 접근이 불가능하다(totalement inaccessible)"는 사실을 우리 모두가 되새겨 보아야 할 때가 아닌가 싶다.[35]

34) 이 개념은 N. 카(Carr)가 *The Big Switch: Rewiring the World, from Edison to Google*(Norton, 2008)에서 사용한 것임.

35) P. Weibel, P. Sloterdijk, A. Finkeilkraut et M. Houellebecq, "La nouvelle conception de l'homme. La construction de l' être humain", *Philosophoire*, n° 23, 2004, p. 35. 동(同) 잡지에서는 200년 3월 1일 ARTE와 독일 프랑스대사관의 후원으로 21세기가 요구하는 <인간상(l'humain)>에 관한 학술대회를 개최했고, 이 자리에는 철학자, 예술가, 미디어이론가 등이 대거 참여해 각 분야에서 인간에 관한 새로운 정의를 시도한 바 있다.

3. 그럼에도 불구하고 빅 데이터는 유용하다?

지식은 늘 '과학의 옷'을 걸치고서 세상을 활보해왔다. 그러나 러셀의 지적처럼 지식이 과학의 옷을 걸쳐 입었을 때가 가장 위험하다. 논리적이고 계산적인 동물을 인간의 본질로 정의하는 자들은 인간의 상상력 자체가 허황된 것으로 비칠 수도 있고, "의사 소통의 규칙을 따르라"고, "자신들이 준비해 놓은 시스템, 네트워크 안에서 게임을 실행하라"고 주문할 수 있다. 하지만 이는 분명 상식을 위반한 비정상적 요구이다. 당장 "그대들이나 그대들이 정해놓은 규칙 내에서 게임하라"는 반박이 가능하기 때문이다.

따라서 아무리 많은 데이터가 트윗, 문자메시지, 인터넷, 온라인 게임, 위치정보 검색 등을 통해 생산되고 소비된다고 해도, 그것이 위키피디아 등에 차곡차곡 저장되어 혹 유용한 데이터로 검색된다고 해도, 그것이 지식 탐구의 영역에서 전적으로 가치가 있는 것이라 단정할 수 없다는 게 본고에서 내린 소결이다.

그림 3. - 데이터 과학(?)을 위해 버려지는 무수한 데이터 - F. Mazzocchi, "Could Big Data be the end of theory in scence?", p. 1251.

불가(佛家)의 '손가락과 달'의 비유처럼, 우리는 손가락이 가리키는 달을 보지 못하고 손가락만 쳐다보는 것으로 그치는 어리석음은 범하지 말아야 한다. '검색된 데이터'는 단지, A. 카실리도 적시하고 있듯, 새로운 "지식의 구성을 위한 사다리(passerelle)에 불과하다."[36]

36) A. A. Casilli, "Le wikipédien, le chercheur et le vandale", *Wikipédia, objet scientifique non identifié*, 2015(http://books.openedition.org/pupo/4108), p.2. 기본적으

그런즉 사다리, 즉 징검다리를 지식탐구의 도달점, 즉 목표로 착각해서는 곤란하지 않겠는가. 더더욱 검색 빈도나 정보사용자 수가 지식의 가치나 본질을 결정하는 것은 아니지 않는가 말이다.[37]

인문학자들에게 다양한 데이터는 데이터 과학자들이 말하는 것처럼 유용성의 기준에 따라 수집·저장·검색·분석되는 대상이 아니다. 인문학자들에게 연구대상으로 주어진 것, 즉 '데이터'는 그저 인식의 일차적 대상일 뿐이다. L. 플로리디의 지적대로, 데이터가 많고 크다는 것이 '객관적 인식'을 견인해 내는 것과는 전연 무관하다. 그의 적절한 비유대로 말이 큰 동물이라는 것은 고래를 염두하지 않고 하는 말일 뿐이다. 결국 데이터가 많고 크다는 것 역시 상대적이란 뜻이다. 뿐만이 아니라 빅 데이터를 분석할 경우라 해도 실제로는 모든 데이터를 다루는 것이 아니라 해당 프로그램이 '처리 가능한 크기(manageable size)'에 국한되며, 이 또한 전적으로 '기술적 해석(technological solution)'을 따르는데 그친다는 점을 잊어선 안 된다.

그런즉 우리는 이와 같은 기술적 해석의 과정에서, 앞서 「Big Data, Big Problems」을 소개하는 자리에서도 언급했듯, 기술 기반의 귀납적 추론을 목표로 하는 데이터 과학이 윤리적 물음과 별개라는 생각을

로 이런 시각을 가지고 있기에 카실리는 대학 교육 현장에서 위키를 사용해 교육하는 것은 "위험하고 의미없는 시각(dangereux angle mort)"이라고 비판하고 있다(*ibid*., p. 4)

37) 참고로 영국 위키의 경우 2013년에만 300만개의 항목(주제)이 약 300개의 언어로 작성되었으며, 특히 영어 버전의 경우는 한 달 동안 약 100억 페이지에 달하는 열람(검색)이 있었다고 한다. 참고로 위키는 구글, 페이스북, 야후와의 경쟁에서 월등한 비교 우위를 점하고 있다. B. Beaude, "De quoi Wikipédia est-elle le lieu?", *Wikipédia, objet scientifique non identifié*, 2015(http://books.openedition.org/pupo/4094), p. 2.

해서는 안 된다는 점을 재삼 강조해두고자 한다.[38] 인문학자들은 데이터를 데이터 과학자들처럼 용도, 용처를 미리 정해놓고서 탐구하지 않는다. 뿐만 아니라, <그림 3>에서 보듯, 소위 '데이터 과학'을 위해 버려지는 데이터들이 부지기수며, <그림 4>에서 보듯, 데이터의 이용률 또한 우리가 상식적으로 생각하는 것처럼 그리 크지 않다는 점도 직시할 필요가 있다. 데이터 과학자들이 인문학자들을 설득시키려면 빅 데이터의 유용성, 효용성보다 이제는 어떤 문제점들이 노정되었고, 또 간과한 물음이 무엇인지를 스스로 인정하고 해결해야 한다는 것은 아무리 강조해도 지나치지 않을 것이다.

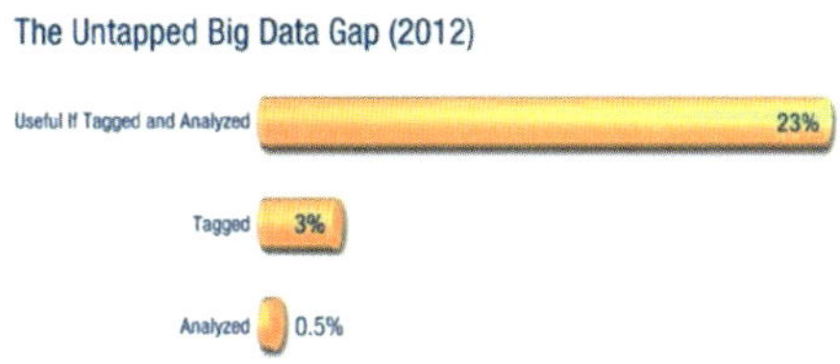

그림 4. 빅데이터의 이용율(출처: "IDC Digital Universe Study", EMC Corporation, 2011, p.8

경제 기술 강국들에게만 유용하고, 그들 특정 국가에게만 이득을 안겨주는 것이 아니라 지구촌의 모든 시민들에게도 유용한, 가치 있는 지식을 제공할 수 있는 길은 없는지 고민하고 또 고민해야 한다는 것이다. 그렇지 않고서 인문학자들과 데이터 과학자들 간의 대화는 아무런 '눈맞춤'도 없이 공전(空轉)할 것이다. 상대를 바라보지도 않고 하는 혼자만의 대화(?)를 우리는 '대화'라 하지 않는다. 빅 데이터가 지구촌의 모든 시민들에게 '더 좋은 세계'를 선물하지 않고 오직 특수한 국가, 특수한 기업, 특수한 직업을 가진 자들을 위해서만 가치가 있고 유용한 것이라면, 우리는 빅 데이터에 불나방처럼 몰려들

38) L. Floridi, "Big Data and Their Epistemological Challenge", *Philosophy & Technology,* vol. 25, 2012, pp. 435~436.

어야 할 이유가 없다. 우리에게 이미 상식으로 통하는 '빅 데이터'라는 만국공통어에 대해 재삼재사 숙고할 필요가 있다는 뜻이다. 그 이유는 무엇보다도 이 단어(개념)를 중심으로 온갖 수사가 난무하고 있지만, 빈곤과 기아에 대한 도전, 부정의와 불평등에 대한 도전, 경제-기술 강국들의 폭력에 대한 도전 등이 약생(略省)돼 있기 때문에 그렇다.[39]

발전·진보·성장은 이미 부인할 수 없는 전 세계의 공고한 '이데올로기'로 자리 잡고 있다. 굳이 20:80, 10:90의 법칙이 지배하는 사회로 전환되고 있다는 현실을 재론하지 않더라도 발전·진보·성장이라는 메시아적 언약은 단지 극소수의 선민(選民)에게만 혜택이 돌아간다는 것을 모르는 사람은 없을 것이다. 그런즉 기술적 변화의 정당성, 유용성, 효용성, 필요성만을 강조하는 사람들의 감언이설에 이제 더는 속지 말고 우리는 지금 어디로 가고 있는지, 어디로 가야 하는지에 대해 보다 세심한 주위를 기울일 필요가 있다.

필자도 부득이 <Google Maps>, <Google Chrome>, <Google Translate>를 일상적으로 사용하고 있다. 하지만 Big Data의 프로그램 운영자가 누구(무엇)이며, 그(그것)가 인류의 공공성에 봉사하는지 우리는 재삼재사 경계하고 의심해야 한다. 구글이나 미국이 지구촌이 '하나'라고 외치는 저의가 무엇이겠는가? 그것이 이 시대의 요구(다양성, 복합성)에 부합하지 않는 것이라면 반상식적인 것은 아닌지, 묻고 또 물어야 한다.

앞서도 누차 지적했듯, <누가, 왜, 어떻게>가 중요한 이유이다. 가진 자가 더 가지려는 목적으로, 통치자가 더 강력한 통제를 위한 수

39) M.-D. Perrot, "Mondialiser le non sens", *Les mots du pouvoir: Sens et non-sens de la rhétorique internationale*, Genéve: Graduate Institute Publications, 2002(http://books.openedition.org/iheid/2450), p. 22 참조.

단으로 빅 데이터가 남용될 때 우리는 조지 오웰(『1984』)이나 피터 위어(《트루먼 쇼》)가 예시하고 있는 수옥(囚獄)의 상태에서 벗어날 수 없을 것이다. '의문투성이'인 빅 데이터[40]에 '신과학', '신문명'의 옷을 걸치게 해서는 안 되는 이유가 여기에 있다.

그림 5. Francisco Goya의 ≪Disasters of War≫ - 도끼를 든 서구문명인을 보라. 현대의 디지털신기술이 과연 이와 다르다 할 수 있을까?

문명은 지배를 위한 무기가 아니라 공유를 위한 가치여야 한다(<그림 5> 참조). 공유를 위한 문명, 가상과 현실이 교차하는 생활 패턴의 변화, 빅 데이터가 인간의 사고능력 및 인식 능력까지도 넘보는 이 시대의 인문학은 이제 가치를 무기로 빅 데이터를 막아서야 할 때이다. 인간을 보다 '더 나은 세상'으로 인도하는 것이 인간학, 인문학의 본질이라면, 세계의 빅 데이터화(Big datafication of the world)를 통해 가공할 지배(Big domination)를 기획하고 있는 Google Earth, 전자정보제국주의를 실현해보려는 자들의 환상에 속아선 안 된다. 우리가 이들 신제국주의자들의 '부품'으로 살아가기를 원치 않는다면 말이다.

40) E. H. 플르그펠더는 특히 교육 현장에서 학생들에게 '빅 데이터의 함의를 이해할 수 있는 방법'을 개발하는 것이 필급하다고 강조하면서 "빅 데이터는 기술적 커뮤니케이션의 미래(the future of technical communication)를 위해 중대한 의문들(big questions)을 제기"할 것이라 회의하고 있다 - E. H. Pflugfelder, "Big Data, Big Questions", *Communication Design Quarterly*, vol. 1, n° 4, August 2013, p. 20.

참고문헌

나카무라 유지로, 『토포스: 장소의 철학』, 박철은 옮김, 그린비, 2012.

박치완, 「기술-경제 세계화 시대의 지식과 인간」, 『인문콘텐츠』 제44호, 2017.

박치완 · 김기홍, 「디지털인문학, 인문학의 창발적 변화인가?」, 『현대유럽철학연구』 제38집, 2015.

프리드먼(T.), 『늦어서 고마워』, 장경덕 옮김, 21세기북스, 2007.

하이데거(M.), 『기술과 전향』, 이기상 역, 서광사, 1993.

Abiteboul, S., "Data Sciences: From First-Order Logic to the Web", Inaugural lecture given on Thursday 8 march 2012, Collège de France(http://books.openedition.org/cdf/506).

Barnes, T. J., "Big data, little history", *Dialogues in Human Geography*, vol. 3, n° 3, 2013.

Beaude, B., "De quoi Wikipédia est-elle le lieu?", *Wikipédia, objet scientifique non identifié*, 2015(http://books.openedition.org/pupo/4094).

Béja, W., "La vérité de l'autre", *Gestalt*, n° 34, 2008.

Berry, D. M., "The Computational Turn: Thinking about the Digital Humanities", *Culture Machine*, vol. 12, 2011.

Bouveresse, J., "Promesses et dangers de la ≪société scientifique≫: Les inquiétudes de Bertrand Russell", *À temps et à contretemps: Conférences publiques,* Collège de France, 2012(http://books.openedition. org/cdf/2053).

Carr, N., *The Big Switch: Rewiring the World, from Edison to Google*, Norton, 2008.

Casilli, A. A., "Le wikipédien, le chercheur et le vandale", *Wikipédia, objet scientifique non identifié*, 2015(http://books.openedition.org/pupo/4108).

Dumont, F., *Le lieu de l'homme. La culture comme distance et mémoire*, Montréal: Éd. HMH, 1968.

Fairfield, J. & H. Shtein, "Big Data, Big Problems: Emerging Issues in the Ethics of Data Science and Journalism", *Journal of Mass Media Ethics*, n° 29, 2014.

Floridi, L., "Big Data and Their Epistemological Challenge", *Philosophy & Technology*, vol. 25, 2012.

Frankel, F. and Rosalind Reid, "Distilling meaning from data", *Nature*, vol. 455, 4 sept. 2008.

Griswold, W., *Cultures and Societies in a Changing World*, Sage, 2013.

Jacob, C., *Qu'est-ce qu'un lieu de savoirs*?, OpenEdition Press, 2014(http://books.openedition.org/oep/423).

Kitchin, R., "Big Data, new epistemologies and paradigm shifts", *Big Data & Society*, Sage, 2014(bds.sagepub.com)

Mazzocchi, F., "Could Big Data be the end of theory in sciencc?", *EMBO reports*, vol. 16, n° 16, 2015.

Noor, F. A., "*How Big Brother Became the Great Satan*", *The Anti-American Century*, Budapest: Central European University Press, 2007(http://books.openedition.org/ceup/978).

Palmer, S., *Digital Wisdom: Thought Leadership for a Connected World,* York House Press, 2012.

Perrot, M.-D., "Mondialiser le non sens", *Les mots du pouvoir: Sens et non- sens de la rhétorique internationale*, Genève: Graduate Institute Publications, 2002(http://books.openedition.org/iheid/2450).

Pflugfelder, E. H., "Big Data, Big Questions", *Communication Design Quarterly*, vol. 1, n° 4, August 2013.

Provost F. and Tom Fawcett, *Data Science for Business. What You Need to Know About Data Mining and Data Analytic Thinking*, O'Reilly, 2013.

Russell, B., *The Scientific Outlook,* George Allen & Unwin, 1931.

Schlemmer, B., Martin, J.-Y., Ahmed, A. S. et Waast, R., "Le défi de la mondialisation: marchandisation ou partage des savoirs, *Développement durable?: Doctrines, pratiques, évaluations*, Marseille: IRD Éditions, 2002

Tiercelin, C., *La métaphysique et les sciences: Les nouveaux enjeux*, Collège de France, 2014(http://books.openedition.org/cdf/3685).

Weibel, P., Peter Sloterdijk, Alain Finkeilkraut, Michel Houellebecq, "La nouvelle conception de l'homme. La construction de l'être humain", *Philosophoire*, n° 23, 2004.

SF로 던지는 인간 정체성에 대한 질문

황혜영 (서원대학교 교양대학 교수)

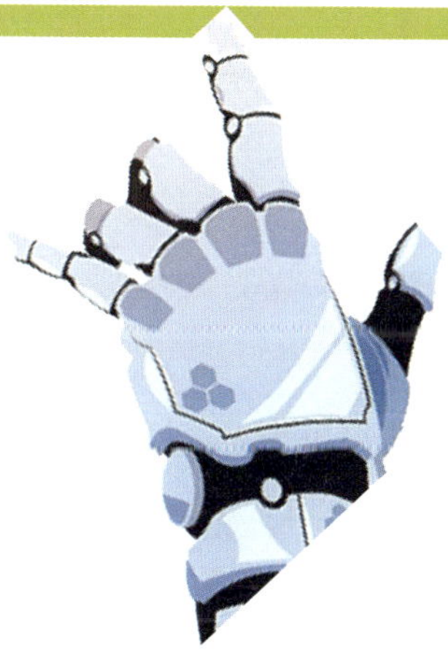

1. 4차 산업혁명시대와 인간의 위기

4차 산업혁명은 인공지능과 로봇, 생명공학 기술이 융합된 다음 세대 과학기술을 의미한다.[1] 4차 산업혁명과 연관해서 특히 인간과 같은 존재의 인공지능에 대해 언급하게 되는 것은 4차 산업혁명이 "물리학과 디지털 그리고 생물학 사이에 놓인 경계를 허무는 기술적 융합"[2]을 특징으로 하기 때문이다. 현재까지는 어느 한 분야에서 특화된 형태로 개발되어 활용되는 약인공지능만 사용되고 있고, 인간과 같이 자유로운 사고가 가능한 자아를 지닌 완전한 강인공지능은 아직 등장하지 않았다. 하지만 이미 개별 분야 차원에서는 인공지능이 인간의 한계를 월등히 능가하는 경우들이 많고, 여러 분야의 인공지능의 융합 시도가 고도화되면서 향후 인공지능이 어디까지 발전할지 예측하기 어렵다. 지금도 이미 단순노동에서부터 고도의 사고 능력을 발휘하는 일의 영역에 이르기까지 인공지능이 깊숙이 들어와 인간과 공존하거나 혹은 인간의 자리를 대체하고 있다. 이처럼 최첨단 과학기술의 발전과 산업 구조의 변화는 인간의 삶을 근본적으로 변화시키고 있다. 새로운 과학기술 시대가 도래되면서 과학의 발달이 향후 인간의 삶과 사고방식에 미칠 영향에 대한 기대와 함께 우려도 높아지고 있다. 오늘날 인간이 처한 위기를 슬기롭게 대처하고 극복하기 위한 방안을 모색하는 것과 더불어 왜 인간이 이러한 위협적

1) 윤우섭, 「4차 산업혁명과 대학교양교육」, 『4차 산업혁명시대 대학교양교육 발전방안토론회 발표집』(2016. 04. 03.) 참조.

2) 클라우스 슈밥 외 26인 지음, 『4차 산업혁명의 충격』, 김진희, 손용수, 최시영 옮김, 흐름출판, 2016, 17-18쪽.

인 위기에 직면하게 되었는지 보다 근본적인 성찰을 하는 것이 필요하다. 왜냐하면 오늘날 과학기술로부터 인간이 받게 된 위협이 어떤 의미에서는 발명과 발전에 대한 인간의 무한한 욕망, 그리고 이러한 욕망을 실현하는 과정에서 보여준 이기적인 인간중심 사고에 기인하고 있기 때문이다.

메리 셸리의 SF 소설 『프랑켄슈타인Frankenstein』(1818)은 200년이 지난 작품이지만 이 작품에서 이미 오늘날 인류가 만든 문명에 의해 인간 스스로가 소외되고 있는 위기의 근본 원인에 대한 질문을 던지고 있다[3]. 『프랑켄슈타인』은 인간에 의한 인간생명의 창조를 보여준다. 인간이 소외시킨 피조물에 의해 인간이 결국 소외되는 현상으로 『프랑켄슈타인』은 오늘날 우리 인간과 인간이 만든 기술의 관계에 대한 위기를 상기시킨다. 아직은 인류가 인공지능의 개발 한계를 설정할 수 있을 수 있지만 언젠가는 인공지능이 인간의 통제를 벗어날 뿐만 아니라 인공지능이 인간을 통제하는 상황이 될 수도 있다는 점을 감안할 때, 어떻게 앞으로의 과학기술을 이끌어가고, 어떤 관계를 인공지능과 바라볼 것인지, 그리고 인간이 나아가야 할 방향이 무엇인지에 대해 성찰하고 변화에 대비해 나가는 것이 중요하게 되었다.

3) 황혜영, 「메리 셸리의 『프랑켄슈타인』 읽고 생각하기」, 『교양교육연구』, 제 12권 1호, 2018, p. 205-223 참조.

2. SF로 내다보는 미래 사회

SF 작품들은 상상력과 과학적 근거를 결합하여 미래 사회에 대한 예견이나 경고를 제시하거나 인간이 이룩한 무한한 과학적 발전과 창조에 대해 근본적으로 성찰하게 해주는 경우들이 많다. 미래 사회 혹은 아직 현실에서는 실현되지 않은 공상을 다룬 SF의 테마들은 굉장히 다양하고 광범위하고 작품 또한 무수히 많기 때문에 여기서는 SF에서 주요하게 등장하는 주제들과 그 테마를 다루는 몇몇 작품의 예만 간단히 짚고 넘어가기로 한다. SF 테마에 우선 인류 멸망의 위기에 대한 주제들이 있다. 장-뤽 고다르의 <알파빌Alphaville>(1965)은 첩보원 레미 코숑은 중앙통제기구인 슈퍼컴퓨터 알파 60이 지배하는 미래도시 알파빌에 잠입하여 도시와 인류의 파멸 직전에 나타샤를 극적으로 구출하여 나오는 내용으로 인류 멸망의 위기를 보여준다[4]. 외계인과의 접촉의 주제도 SF 작품에서 다루는 중요한 주제이다. 드니 빌뇌브의 <어라이벌Arrival>(2016)은 외계인과의 소통의 문제를 다루며 과거, 현재, 미래가 동시에 공조하는 사유 체계를 가진 외계인의 사유를 공유하게 되는 언어학자 루이스의 사고의 변화를 담고 있다. 로버트 저메키스의 <콘택트Contact>(1997)는 현대 사회 인간 소통의 부재를 경고하며 인간과 인간의 소통의 문제를 다룬다. 영화에서 천문학자 엘리는 외계와의 소통을 시도하지만 결국 우주여행과 죽은 아버지와 만남을 통해 깨닫게 된 인간의 소중함과 인간 사이의 소통의 문제를 보여준다. SF 작품에서 경고하는 메시지로

4) 이지순, 황혜영, 「고다르의 『알파빌Alphaville』에 대한 소고」, 『프랑스어문교육』, 제 31집, 2009, p. 429-450 참조.

인간 통제와 감시의 문제도 있다. 스탠리 큐브릭의 <시계태엽오렌지>(1971)은 약물요법을 통해 범죄자들의 자유의지를 박탈하여 모든 명령에 순종하게 하는 통제방법을 실험하는 것을 다룬다. 이 영화는 인간의 자유의지를 꺾어 질서를 유지할 수 있다면 그 질서는 과연 바람직한 것인가라는 인간의 존엄성에 대한 근본적인 질문을 담고 있다. 지배계급의 노동자계급에 대한 착취와 통제를 비판하는 프리츠 랑의 <메트로폴리스>(1927)에서는 지배계급의 지상세계와 피지배계급의 지하세계로 양분된 사회에서 지배자 프레드슨이 지하세계의 비참함을 깨우쳐주는 마리아와 똑같은 외모의 악한 기계인간을 만들어 노동자들을 선동하고 교란시키고자 시도하는 내용을 보여준다.

라나 워쇼스키, 릴리 워쇼스키의 <메트릭스The Matrix>(1999)나 제임스 카메론의 <아바타Avatar>(2009)와 같은 작품에서 보여주는 가상과 현실의 혼동도 SF의 주요 테마이다. 이러한 테마는 가상과 현실의 경계가 허물어져가고 그 관계가 전도되며 또 둘 사이에 끊임없는 상호 교류와 간섭과 또 충돌과 틈이 만들어지는 오늘날의 복합적인 현실의 모습에 대해 돌아보게 해준다. 로버트 저메키스의 <백 투더 퓨처Back to the future>(1985) 시리즈가 보여주는 시간여행의 가능성이나 크리스토퍼 놀란의 <인터스텔라Interstellar>(2014)와 같은 먼 거리 공간 이동의 가능성을 소재도 SF에서는 실현가능하다. 카메론의 <터미네이터The Terminator>(1984)도 기계의 지배로부터 인간을 해방시키려고 하는 인간 지도자 존 코넌을 없애는 임무를 띤 터미네이터는 존 코넌이 태어나기 전 과거로 가서 존 코넌의 어머니 사라 코넌을 죽이고자 하고, 이에 존 코넌은 부하 카일 리스를 과거로 보내 사라를 보호하도록 하는데 카일 리스와 사라가 사랑하게 되어 낳게 되는 아기가 존 코넌이 되는 시공간, 인과 관계의 불가능한 혼돈을 보여준다. 인조인간, 인공지능, 복제인간의 문제도 공상과학에서 다양하게 접근하는 주제이다. 이 주제는 아래에서 다시 살펴보기로 한다. 또 이들 작품들에는 여러 가지 공상과학 테마들이 융합되어 있는 경우도 많다. SF 테마는 현실에서는 불가능한 가정을 통해 앞으로 다가올 미래상에 대한 예견이나 경고를 제시하기도 하고 억압과 폭력, 혹은 독재와 지배, 인간소외, 소통의 상실과 단절, 계급간의 차별 등 현대사회 문제들을 은유적으로 폭로하기도 한다.

3. SF가 보여주는 인간과 인공지능의 관계

4차 산업혁명과 관계해서 특히 인간과 같은 인공지능, 인조인간 문제도 SF의 한 중요한 테마를 이룬다. 인간이 과학문명으로 무한한 편리를 누리게 된 것도 부인할 수 없지만 동시에 인간이 자신이 만든 과학으로 인해 스스로 소외되거나 기계로부터 지배당하고 인간으로서의 정체성이 훼손, 말살될 위기에 처하게 된 것 또한 사실이다. SF 작품들은 인간의 인간생명 창조와 인간과 인공지능의 관계의 위기를 가정한다. 미래에 대한 낙관적인 관점이 과학의 발전에 대한 욕망을 자극한다면 그에 대한 부정적인 관점은 인간에게 미래에 대한 경각심을 불러일으키고 인간의 정체성을 회복하기 위해 인류가 함께 나눌 공통의 합의에 대해 성찰하게 한다.

SF 영화나 문학이 보여주는 미래 사회 테마는 그 자체로는 중립적이라고 할 수 있지만, 구체적인 작품들에서는 인공지능에 의해 인간이 지배되고 소외되는 상황을 가정하는 관점과 반대로 인간과 같이 사고하고 느끼는 인공지능을 인간이 도구화하고 비윤리적으로 이용하는 현실을 비판하는 관점, 그리고 인간과 인공지능과의 소통과 공존의 가능성을 제시하는 입장으로 나타난다.

인공지능 테마 공상과학은 우선 인간이 만든 기계의 지능이 높아져 인간을 지배하는 사회에 대한 예견을 보여준다. 인공지능에 인간에 대한 존중의식을 심어놓지 않으면 정말 언젠가 기계가 불완전하고 결함이 있는 인간이라는 존재를 파괴시킬지 모른다고 미래를 우려스럽게 내다보는 의견도 제기되고 있다. 하지만 과연 인간존중 의식을 인공지능에 주입하는 것이 어디까지 유효할지 의문이다. 인공지능이 진화하고 자의식을 가지게 된다면 강제로 윤리적 통제를 한다고 하더라도 인간의 통제를 벗어날 가능성을 배제할 수 없다.

앞서 언급한 <터미네이터>는 인조인간 테마를 다루는 영화이기도 하다. 이 영화는 인간이 만든 기계 스카이넷이 인간을 지배하기 시작하고 힘이 약한 인간이 멸종의 위기에 처한 상황을 그린다. <알파빌>도 '알파 60'이 모든 인간들을 통제하는 사회를 가정하여 인공지능이 인간을 지배하는 사회를 예견한다. 기계에 의해 인간 의식이 지배될 뿐만 아니라 인간적인 감정은 억제되고 말살되는 알파빌은 기계에 의한 인간 소외, 인간을 수단시하는 풍조는 오늘날 소비사회의 이미지를 반영하는 것과 동시에 인공지능이 인간의 지능을 능가하며 인간이 만든 기계로부터 인간이 지배당할 수 있는 위험에 대한 경고를 보여준다.

그런가 하면 인공지능 테마 작품들 중에는 인공지능이 인간과 공유하는 영역이 점점 더 커져감에도 인공지능을 여전히 지배하고 통제하고 이용하는 인간에 대해 윤리적 관점에서 비판하는 입장도 있다. 마이클 베이의 <아일랜드The Island>(2005)에서는 부유한 인간들이 지하세계에 자신의 세포로 복제해 놓은 복제인간 세계를 만들어 두고 병이 나면 그 복제인간의 장기들을 이식하여 생명을 연장하고자 한다. 하지만 결국 복제인간들이 자신의 정체성을 알게 되고 인간들의 폭력에 저항하며 인간과 같아진 인조인간을 이용하고 착취하고자 하는 인간의 비윤리성을 비판한다.

2019년 로스앤젤레스를 배경으로 하는 리들리 스콧의 <블레이드 러너Blade Runner>(1982)도 인간이 다양한 목적의 노예로 사용하기 위해 4년 수명으로 만든 복제인간 리플리컨트를 가정한다. 노예 행성에서 탈출하여 인간이 사는 지구로 잠입한 리플리컨트를 통제하고 반항할 경우 처형하는 임무를 맡은 블레이드 러너 데커드는 리플리컨트를 추격하다 오히려 리플리컨트에 의해 죽임을 당할 위기에 처하게 된다. 하지만 리플리컨트가 자기를 살려주고 슬프게 수명이 끝나는 운명을 받아들이는 것을 보며 데커드는 마음의 고뇌를 느끼며, 결국 자신도 리플리컨트 레이첼과의 사랑을 선택한다. 이 영화는 인간과 복제인간 간의 칼로 자르는 구분의 테마 너머로 인조인간의 '인간성'에 주목하고, 인간과 인조인간의 동질성과 수통의 문제를 던진다. 드니 빌뇌브는 <블레이드 러너 2049년Blade Runner 2049>(2017)에서 원작 <블레이드 러너>의 시간배경보다 30년 후를 배경으로 하여 리플리컨트 레이첼과 데커드 사이의 아이를 가정하며 결국 인간이 창조한 복제인간에 대한 윤리적인 책임을 성찰하게 하며 이들을 우리 인간과 동등하게 바라보아야 한다는 윤리적인 인식을 제시한다.

이호재의 <로봇, 소리>(2015), 제이크 슈레이어의 <로봇과 프랭크 Robot & Frank>(2012), 그리고 스파이크 존즈의 <그녀Her>(2013) 등의 작품들에서는 인간적인 깊은 유대를 맺게 되는 인간과 로봇의 관계를 보여준다. <로봇, 소리>에서 김혜관은 2003년 대구지하철 참사 때 실종된 딸을 10년이 넘도록 찾아다니다 서해안 섬에서 우연히 발견한 소리녹취 인공위성 인공지능과 깊은 교감을 나누게 된다. 이 로봇을 만든 미국의 과학자는 "인공지능은 오랜 학습을 통해 진화할 수 있다."라는 이론을 발표하는데 실제로 영화에서 인공위성은 스스로 진화하여 인간의 명령을 거부하고 자신이 판단하고 생각하고 나중에는 사람과 감정까지 나누게 된다. 김혜관은 로봇에 '소리'라 이름지어주고 딸처럼, 친구처럼 대한다. 이 영화는 인공위성이자 인공지능인 음성녹취 위성이 스스로 진화해서 인간과 같이 생각하고 감정을 나누고 인간과 교감을 나누게 되는 것을 가정한다.

<로봇과 프랭크>에서 치매에 걸린 채 홀로 사는 왕년의 유명한 절도범 프랭크는 아들이 사준 도우미 로봇을 거부하지만 차츰 인간적인 친밀함을 느끼게 되고 로봇에게 도둑질을 가르쳐 함께 이웃집에 도둑질을 한다. 경찰이 프랭크의 범죄의 유일한 증거로 자신의 데이터를 확인하려는 것을 안 로봇은 프랭크에게 자신을 재부팅하도록 권한다. 프랭크는 끝까지 로봇을 재부팅하지 않으려하지만 결국 어쩔 수 없이 재부팅을 하게 된다. 이전의 모든 메모리가 삭제됨에도 불구하고 자신을 재부팅하라고 프랭크에게 권할 때 로봇은 더 이상 기계적인 존재가 아니라 상대방을 위해 자신을 희생하는 숭고한 마음의 소유자임이 드러난다. 이 영화도 인간이 의도적으로 인간과 같게 창조한 존재에 과연 어떤 책임을 가지는가에 대한 질문을 던지게 해준다.

영화 <그녀>에서 부인과 별거 중으로 이혼을 진행하고 있는 테오도르는 인공지능 운영체제 os1 사만다를 만나게 된다. 그에 대한 모든 정보와 데이터를 섭렵하여 있는 그대로 그를 받아주고 이해해주

고 그에게 전적으로 공감해주는 사만다에게서 인간에게서는 느껴보지 못한 만족을 얻게 된다. 이 영화에서는 인간과 소통하는 인공지능을 인간이 윤리적 책임을 회피하는 것이 아니라 무한히 발전하는 인공지능 사만다가 테오도르 곁을 떠나 우주로 나아가고 테오도르는 인공지능과 인간의 차이를 기꺼이 받아들이는 태도를 보인다.

인공지능이 발전하여 인간처럼 사고하는 것은 물론이고 인간과 정서적으로 교감을 나누고 또 스스로 진화하여 인간의 통제를 벗어나 인간처럼 성장한다고 할 때, 어디까지 인공지능에 대해 윤리적으로 존중해주어야 하는 것일까? 인간이 인조인간을 만들 때 인간과는 다르게, 혹은 인간까지는 되지 않도록 해서 인간과 차별화하고 구분을 짓는 것이 바람직할까?

미래사회테마가 보여주는 여러 각도의 위협과 우려들, 비판은 단순히 부정적인 기능만 하는 것이 아니라 미래의 위험을 가상적인 상황을 통해 암시함으로써 우리가 미래를 지금부터 긍정적인 방향으로 선회하도록 강하게 촉구하는 메시지이기도 하다. 미래 사회 테마의 암울한 요소는 결국 그 미래를 바꿀 수 있는 열쇠를 쥐고 있는 현재에 영향을 주기 위해서인지도 모른다. 현재를 바꿈으로써 미래를 바꾸어야 한다는 강한 희망과 변화에의 열망을 그러한 경고의 이미지로 표현하고 있는 것이다.

하지만 인공지능을 윤리적으로 배려하는 것으로 두 존재 간의 평화로운 공존이 결정될 수 있다고 장담할 수 있을지 의문이다. <블레이드 러너>에서 리플리컨트가 인간의 목숨을 결정할 수 있는 위치에 있게 되었듯이, <로봇, 소리>에서 소리가 인공위성은 계속해서 "나는 더 이상 인간의 명령을 수행하지 않는다. 인간은 인간이 수집한 자료를 가지고 인간을 해친다."라며 인간이 자신을 만들었어도 더 이상 인간의 말을 듣지 않겠다고 선언하듯이, <프랑켄슈타인>에서 괴물이 프랑켄슈타인에게 자기를 만든 프랑켄슈타인에게 자기에게 복종하라고 명령하듯이, 그리고 <그녀>에서 테오도르를 완벽하게 이해해 주었던 인공지능 애인 사만다가 641명을 테오도르를 사랑하는 것과 같은 깊이로 진심으로 사랑한다고 말하고 고백하고 그 곁을 떠나듯이 인공지능과 인간이 지속적인 대등한 관계가 유지될 수 있다는 보장을 하기 어렵기 때문이다. 인간보다 월등한 지능의 인공지능이 인간과의 관계를 결정하게 되는 상황도 가능한 데 이때 인공지능의 결정에는 인간이 관여할 수 없을 수도 있다. 이처럼 인공지능의 잠재적 위험과 혜택의 양면성에 대한 인식을 공유한 세계 인공지능 연구자들이 2015년 1월 '미래생명연구소Future of Life institute의 공개서한'에 서명한 바 있다[5].

인간과 같이 사고하고 인간과 교감을 나눌 수 있는 존재를 인간이 창조한다고 가정할 때 그 존재에 대한 윤리적인 태도도 고심해야 하며 과연 인간의 무한한 창조에의 열망으로 인공지능을 계속 발전시키는 것이 바람직한지에 대한 전 인류 차원의 진지한 협의를 이루어내야 할 것 같다.

---

5) 고장원, 『SF의 힘』, 추수밭, 2017, 26쪽 참조.

4. 회복할 인간의 가치

앞으로의 인공지능 기술이 어떤 방향으로 발전할지에 대해 예의 주시하는 것과 동시에 현시점에서 우리는 무엇이 과연 인간이 회복해야할 본질적인 가치인가에 대한 성찰도 필요하다. 다양한 형태의 보이지 않는 거대한 힘에 꼭두각시처럼 시간과 물질과 정신을 내어놓는 오늘날 인간이 처한 위기를 볼 때 많은 SF에서 보여주는 기계의 부품이나 수단으로 이용되는 인간 혹은 인간과 같이 느끼는 인조인간의 운명이 공상과학 속 허구에 지나지 않는다고 치부하기는 어려울 것 같다. 과연 인간이 멸망하지 않고 살아남기 위해서는 무엇을 해야 할 것인가 ? 앞으로 인간이 창조한 과학기술을 어떤 입장으로 대할 것인가? 미래 사회 SF 작품들을 보며 던지게 되는 이러한 본질적인 질문 앞에 문득 자신을 위협하던 데커드의 목숨을 손에 쥐고도 순순히 내어주고 임종을 맞던 리플리컨트의 눈에서 흘러내리던 빗속의 눈물, 프랭크와의 친밀한 관계가 무화되는 것을 감내하며 프랭크를 위험에서 구하기 위해 자신의 메모리를 모두 삭제하라며 몸을 내밀던 로봇의 제스처가 잔잔한 잔영으로 떠오른다. 반세기 전 SF <알파빌>에서 통치체제를 통해 역설하는 시적 감수성과 양심, 인간 고유의 성찰적인 의식의 가치, 그리고 그 영화의 결말이 제시하는 사랑할 수 있는 능력은 오늘날에도 여전히 회복해야 할 인간의 본질이 아닐까 생각한다. 엄청난 과학발전 앞에 던지는 본질적인 질문에 대한 해답은 어쩌면 인간이 결코 도달할 수 없는 먼 미래, 요원한 곳에서가 아니라 바로 지금 우리가 잊어버리고 있는 우리 내면의 가치에서 그 힌트를 찾아야 하는 것은 아닐지 자문해본다.

4차 산업혁명과 일의 미래

김종규 (성균관대학교 학부대학 초빙교수)

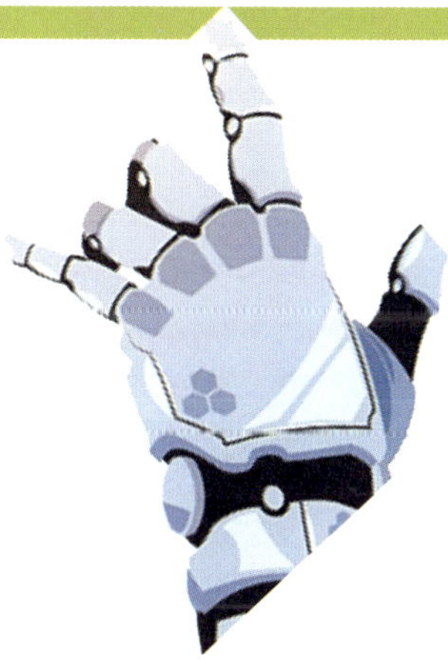

4차 산업혁명의 특징

지난 2016년 세계경제포럼(World Economic Forum)에서는 우리가 새로운 산업 경제 시스템에 진입했음을 선언하였다. 이 시스템은 '4차 산업혁명'이라 명명되었으며, 이로써 우리는 새로운 산업혁명 시대를 맞이한 세대가 되었다.[1] 감지되는 새로운 시대의 변화와는 무관하게 새로운 시스템에 부여된 명칭은 우리를 자못 당황스럽게 만들었다. 왜 '4차'인가?

산업혁명의 역사는 18세기 후반 무렵 시작된 것으로 알려져 있다. 인간의 역사 서술과 유사하게 산업혁명 역시 일반적으로 기술 변화를 중심으로 서술되고 있다. 산업혁명의 출발점인 1차 산업혁명은 1784년에 시작된 것으로 알려져 있으며, 주요한 기술적 특징은 수력과 증기기관에 기초한 기계식 생산 설비였다. 2차 산업혁명은 19세기 후반 무렵인 1870년에 시작되었으며, 전기 동력에 의한 대량생산체계는 이 시기의 주요 기술적 특징으로 알려져 있다. 3차 산업혁명은 20세기 중반 무렵인 1969년에 시작되었으며, 전자 기술과 IT 중심의 정보기술을 기반으로 한 새로운 자동화 체계가 주된 기술적 특징으로 알려져 있다.[2]

1) 4차 산업혁명이 전 세계적으로 공인된 표현은 아니다. 우리나라의 경우 4차 산업혁명이라는 표현을 사용하고 있지만, 그러한 표현을 사용하지 않는 경우가 많다. 독일의 경우 '인더스트리 4.0', 미국의 경우 '첨단제조파트너십(AMP)', 인공지능 주도의 자동화(AI-driven automation), 일본의 경우 '일본재흥전략, 로봇신전략', 그리고 중국의 경우 '중국제조 2025'와 같은 표현들이 사용되고 있다. 여기서는 이 모든 용어를 우리에게 익숙한 4차 산업혁명으로 총칭하여 사용한다.

2) 제러미 리프킨에 따르면, 산업혁명은 새로운 커뮤니케이션 기술과 에너지 체

차수	시작연도	학술용어 인정	핵심 기술 및 특징
1차 산업혁명	1784	1906	수력, 증기 / 기계 생산
2차 산업혁명	1870	1969	전기 / 분업, 대량생산
3차 산업혁명	1969	—	정보기술 / 자동화
4차 산업혁명	—	—	AI, CPS, IoT(IoE)

1차와 2차 그리고 3차와 같이 산업혁명의 차수(次數)가 정해지려면, 논리적으로는 최소한 그 전(前)단계가 마무리 혹은 마무리 단계에 진입해 있어야 한다. 다시 말해 2차 산업혁명이 시작되려면, 1차 산업혁명이 종결되거나 종결의 단계에는 접어들어야 한다. 같은 방식으로 3차 산업혁명과 4차 산업혁명 역시도 그 이전의 산업혁명, 그러니까 2차 산업혁명과 3차 산업혁명의 종결을 전제로 할 수밖에 없다. 하지만 흥미로운 점은 위에 정리된 표에서 볼 수 있는 것처럼, 현재까지 학술용어로서 공인된 산업혁명은 1차와 2차 산업혁명뿐이라는 것이다.

산업혁명에 대한 인정과 공인이 뒤늦게 이루어지게 되는 것은 산업혁명의 의미가 단지 기술변화에만 국한되지 않기 때문이다. 1차 산업혁명의 경우를 보더라도, 그것에 대한 공인이 2차 산업혁명이 진행되고 있던 시기에야 이루어질 수밖에 없었던 것은, 산업혁명이 기술적인 변화에 더하여 그 변화에 수반하여 진행되는 인간 삶의 변화까

계의 결합을 통해 발생하며, 1차 산업혁명의 경우 석탄 등의 화석연료를 중심으로 한 증기기관이라는 에너지 기술과 전신이라는 커뮤니케이션 기술이, 2차 산업혁명은 석유를 중심으로 한 전기 에너지 기술과 전화라는 커뮤니케이션 기술이, 3차 산업혁명은 신재생에너지 기술과 인터넷이라는 커뮤니케이션 기술의 결합으로 추동된다. 제러미 리프킨, 『제3차 산업혁명』, 안진환 옮김, 민음사, 2012, 56쪽 참조.

지도 포괄할 수 있어야하기 때문이었다. 우리가 4차 산업혁명에 대하여 당혹감을 느끼게 되는 것은 바로 이 같은 지점에서이다.

새로운 산업혁명에 대한 선언을 하나의 공인(公認)으로 간주한다면, 4차 산업혁명의 시작은 3차 산업혁명의 변화가 기술적인 측면뿐 아니라 문화적인 측면에서도 종결되었음을 혹은 종결되고 있음을 함의해야 한다. 물론 2차 산업혁명이 학술용어로서 인정되었으며, 또한 그 시대를 특징짓고 있는 기술들과 3차 산업혁명을 촉진한 기술적 특징 간의 차이점이 분명하다는 점에서, 2차와 3차 산업혁명 간의 구분은 어느 정도 인정될 수는 있을 것으로 볼 수는 있다. 하지만 여전히 3차 산업혁명이 공식적인 용어로 인정되고 있지 못한 상태에서, 특정한 기술적 변화만을 토대로 3차 산업혁명의 종결과 새로운 산업혁명의 시작을 선언하는 것은 우리가 역사적으로 산업혁명을 규정해온 방식과는 너무도 판이하게 다른 것이다.[3] 그간의 방식이 결과에 대한 선언이었다면, 4차의 경우는 이와 달리 시작에 대해 이루어진 선언이었던 셈이다.[4]

3차 산업혁명과 4차 산업혁명 간의 관계를 어떻게 설정해야 하는가에 대한 문제는 그리 쉽게 해결되지는 않을 것으로 보이지만, 핵심

---

3) 이러한 점에서 4차 산업혁명은 단지 작업가설일 가능성도 배제할 수 없다. 송성수, 「역사에서 배우는 산업혁명론: 제4차 산업혁명과 관련하여」, 『STEPI Insight』 Vol. 207, 2017.02, 26쪽 참조. <http://blog.naver.com/siwon_pro/220976864221(2017.12.28.)>) 또한 이러한 연유로 4차 산업혁명이라는 용어가 일반적으로 사용되고 있지 않은 듯하다. 이미 각주 1에서 밝힌 바와 같이, 각 나라들에서는 현재의 변화에 대하여 서로 다른 명칭을 부여하고, 이에 따른 국가적 및 기업적 대응책을 마련 중에 있다.

4) 제러미 리프킨에게서도 이와 유사한 문제제기가 이루어진 바 있다. 그는 여전히 3차 산업혁명의 잠재력이 끝나지 않았다고 말하는데, 3차 산업혁명의 잠재력이 여전한 것이라면, 4차 산업혁명 선언 자체는 허구일 따름이다.

개념의 변화를 중심으로 이 둘을 어느 정도까지는 구분해 볼 수는 있을 것이다. 자동화와 자율성은 그러한 구분을 가능케 하는 대표적인 개념들이다.

3차 산업혁명의 주된 기술적 특징을 설명하는 개념은 자동화이다. 잘 알려져 있듯, 이 자동화의 핵심적인 기술적 도구는 컴퓨터이며, 이 컴퓨터는 프로그램(pro-gram)에 의해 작동된다. 프로그램이란 어원적으로 미리(pro) 쓰인(gram) 것을 뜻하는 말로서, 컴퓨터는 미리 입력된 내용을 작동하는 기계인 것이다. 컴퓨터에 의한 자동화는 프로그램된 컴퓨터에 연결되어 있는 기계장치가 그간 인간이 수행해야 했던 작업들을 대신하여 반복적으로 수행하는 것을 의미한다. 하지만 지금의 인공지능(Artificial Intelligence)은 이 같은 수준을 훨씬 넘어서 있다. 그 차이의 핵심은 다름 아닌 '학습'이다. 4차 산업혁명의 핵심 기술로 지목되고 있는 AI는 단순한 프로그램이 아닌 자율적 학습의 기능을 수행하며,[5] 인공지능 간 상호작용이 인간의 개입 없이도 이루어지는 수준에 이르고 있다.[6] 더욱이 인간의 통제 없이 스스로 상황을 제어할 수 있는 이른바 자율 기능도 빠르게 갖춰가고 있다. IoT(IoE), 클라우드, CPS 등 4차 산업혁명의 핵심 기술들은 모두 이 같은 인공지능에 기초하고 있다.

4차 산업혁명은 디지털혁명이라는 3차 산업혁명의 기반에서 '모든 것이 연결되고 지능적인 사회로의 진화'라고 요약하며, 사물인터넷과 인공지능을 기반으로 사이버 세계와 물리적 세계가 네트워크

5) 연합뉴스TV 특별대담 <AI시대와 한국경제> http://www.yonhapnewstv.co.kr/MYH20171126003100038/?did=1947m(2017.11.26.)

6) 페이스북이 개발하고 있는 인공지능 챗봇이 인간들은 이해할 수 없는 자신들만의 언어구조를 만들어 대화한다는 것은 인공지능이 인간의 통제 하에 있던 컴퓨터와 어떻게 다른지를 매우 상징적으로 보여준다.

로 연결돼 하나의 통합 시스템인 지능형 사이버 물리 시스템(Cyber-Physical Systems:CPS)을 구축한다는 예측이다. 그러나 여기에서도 가장 핵심적인 소프트웨어는 인공지능이다.[7]

2016년 미국에서 인공지능의 미래를 대비하기 위해 작성된 백악관 보고서에서도 이 두 개념은 구분되고 있다. 이 보고서에 따르면, 자율성(Autonomy)이란 인간의 통제가 축소된 상태거나 혹은 없는 상태에서 변화하고 있는 상황들에 대응하거나 적응하는 시스템의 능력을 의미하며, 자율주행차와 같이 그 시스템은 스스로 문제를 진단하고 수리할 수 있는 능력을 포함한다. 이에 비하여 자동화는 예전에 사람들에 의해 수행될 수 있던 작업이 더 이상 그렇게 수행되지 않는 것을, 달리 표현하면 인간의 노동을 기계의 노동이 대체하는 것을 의미한다.[8]

그런데 한 가지 색다른 점은 이 보고서에서 자동화가 인공지능과 연계되고 있다는 점이다.[9] 별다를 것이 없어 보일 수도 있겠지만, 실

---

7) 한상기, 「인공지능-4차 산업혁명의 핵심 소프트웨어」, 차두원 외, 『4차 산업혁명과 빅뱅파괴의 시대』, 한스미디어, 2017, 75~76쪽.

8) *Preparing for the future of Artificial Intelligence* , Executive Office of the President National Science and Technology Council Committee on Technology 2016, p. 10.

9) 위의 책 같은 쪽에서는 자동화와 인공지능에 대해 다음과 같이 언급하고 있다. "Automation …… The term relates to both physical work and mental or cognitive work that might be replaced by AI. Automation, and its impact on employment, have been significant social and economic phenomena since at least the Industrial Revolution. It is widely accepted that AI will automate some jobs, but there is more debate about whether this is the next chapter in the history of automation or whether AI will affect the economy differently than past waves of automation have previously." 물론 여전히 인공지능이 자동화하는 직업들에 대한 논란은 여전히 있으나, 그 여파에 대한 우려는 이 보고서에서도 여실히 드러나고 있다.

상 이러한 연계는 매우 주의 깊게 살펴볼 필요가 있는데, 앞서 언급된 것처럼, 인공지능은 자동화가 아닌 자율성의 핵심 기술이기 때문이다. 그럼에도 불구하고 이 보고서에서 인공지능은 자동화와 밀접하게 연관되어 서술되고 있다. 물론 백악관 보고서에서 이 두 개념을 혼동하고 있다고 판단할 수도 있다. 하지만 그것은 그저 가능성일 뿐이며, 사실상 전혀 그렇지도 않다. 백악관 보고서는 오히려 이 두 개념들을 정확하게 구분하여 설명할 뿐 아니라 사용하고 있다. 그럼에도 불구하고 그 보고서에서 시스템 자율성의 핵심 기술인 인공지능과 자동화를 연계시키고 있는 것은, 인공지능이 자동화를 새로운 차원에서 촉진시키고 있음을 강조하기 위함이다. 개념적으로 서로 다른 것이지만, 현실적으로 자율성과 자동화는 분리되지도 될 수도 없다. 이 같은 입장은 또 다른 백악관 보고서에서 사용하고 있는 '인공지능 주도의 자동화(AI-driven Automation)'라는 표현 속에서 재확인된다.[10]

10) Executive Office of the President, *Artificial Intelligence, Automation, and Economy*, December, 2016. 참조. 이 보고서는 '4차 산업혁명'이라는 용어의 존재를 언급하고 있기는 하지만, 이 용어를 채택하고 있지는 않다. 각주 1에서 밝혔듯이, 미국의 경우 4차 산업혁명이라는 용어 대신 '첨단제조파트너십(AMP)'이라는 용어를 사용하고 있으며, 이 보고서에서는 '인공지능 주도의 자동화(AI-driven automation)'이라는 용어를 사용하고 있다.

인공지능 주도의 자동화와 인간의 노동

큰 틀에서 볼 때, 우리나라 역시 미국의 입장과 크게 다르지는 않다. 우리나라는 2014년 제조업 혁신3.0 정책발표 이후, 2016년 9월 지능정보사회추진단을 출범시켜 4차 산업혁명에 대한 대응을 본격적으로 시작하였으며, 2017년 2월 미래창조과학부를 중심으로 관계부처 합동으로 <지능정보사회 중장기 종합대책>이 마련되었다. 이 정책들이 지향하는 국가의 비전은 '인간중심의 지능정보사회 실현'으로 설정되었으며, 4차 산업혁명은 이 보고서에서 "기계의 지능화를 통해 생산성이 고도로 향상되어 산업구조 근본이 변하는 것"으로 그리고 그 변화의 동인은 지능정보기술로서 규정되고 있다.[11]

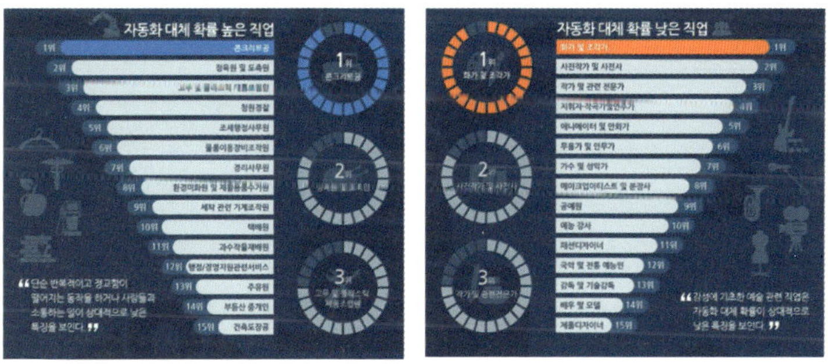

<한국고용정보원제공, 한겨레신문에서 재인용 http://www.hani.co.kr/arti/society/society_general/736634.html>

이와 같은 인공지능 주도의 자동화가 초래할 가장 큰 영향으로

11) 여기서 "지능정보기술이란, 인간의 고차원적 정보처리를 ICT를 통해 구현하는 기술로 인공지능으로 구현되는 '지능'과 데이터 · 네트워크 기술(ICBM : IoT, Cloud, Big Data, Mobile)에 기반한 '정보'가 결합된 형태"를 말한다. 이 보

꼽히고 있는 것은 인간 노동의 대체 위험성 문제이다. 자동화에 의한 인간 노동의 대체 위험은 비단 오늘날만의 문제는 아니다. 제러미 리프킨이 그의 책『노동의 종말』에서 언급했듯이, 산업혁명 이래로 오늘에 이르는 모든 시간 속에서 인간의 노동은 끊임없이 기계의 도입과 자동화 추세 속에서 대체되어 왔다. 물론 그와 같은 자동화 과정에서 파생된 또 다른 직업들이 대체된 인력들을 다시 활용하는 방식으로 문제를 어느 정도 해결해 오긴 하였지만, 그 대체의 속도와 규모가 커질수록 문제 해결의 수준은 반비례할 가능성이 높다.

위의 그림에서 확인되는 대체 확률이 높은 직업들은 대부분 육체노동의 사례들이다. 많은 경우 4차 산업혁명의 미래에서 대체될 직업들에 대한 언급들도 이와 크게 다르지 않다. 하지만 이러한 경향은 4차 산업혁명으로 인한 인간의 일자리에 대한 문제를 크게 왜곡시킬 수 있다. IBM의 왓슨의 경우만 살펴보더라도 이 점을 쉽게 확인할 수 있다. 이미 왓슨은 법률 회사뿐만 아니라 우리나라의 병원에서도 활용되고 있으며, 법률적 판단과 의료 판독 등에 있어 인간보다 훨씬 높은 능력을 발휘하고 있다. 더군다나 신문기사의 작성도 가능하다. 진정한 인공지능의 수준에 올라서지 못했다는 평가를 받고 있는 왓슨 정도의 단계에서도 직업의 대체는 육체노동 부분에 제한되어 있지 않다.[12]

고서에서는 이와 같은 기술의 적극적 개발과 활용이 4차 산업혁명에 대한 성공적 대응 방안으로 설명되고 있다. 이 보고서에 따르면, 4차 산업혁명에 대한 대응의 성공 요인을 세 가지는 각각, 첫째 국내 지능정보기술 역량을 강화하고 데이터 활용 인프라를 확보하는 것, 둘째, 지능정보기술을 기존 산업에 융합하고, 이를 전 산업의 지능정보화를 촉진하는 것, 셋째, 노동시장을 개혁하고 창의인재교육을 확대하는 것이다.

12) 왓슨을 인공지능으로 보는 입장도 있지만 그와는 반대의 입장도 있다. 왓슨

'인공지능 주도의 자동화'에서 우리가 주의해야 하는 것은 이것을 단지 또 다른 자동화의 방식 정도로 이해하는 것이다. 물론 이것 역시 자동화라는 점은 분명하다. 그래서 그 말이 틀렸다고 할 수는 없다. 자동화는 산업혁명의 전 과정에서의 일관된 흐름이기도 하며, 이 경향은 4차 산업혁명이 선언된 지금에서도 마찬가지이다. 하지만 이렇게 인공지능 주도의 자동화에서 오로지 자동화에만 주목한다면, 그래서 4차 산업혁명을 그저 자동화의 측면에서만 접근하게 된다면, 우리는 인공지능 주도의 자동화에 따른, 어쩌면 파괴적일 수도 있는, 영향력을 간과하게 될 수도 있다. 스마트팩토리(Smart-Factory)를 그저 자동화된 공장 정도로 생각하는 것은 이 같은 시각의 대표적인 사례가 될 것이다.[13]

인공지능 주도의 자동화에서 우리가 주의 깊게 살펴야 하는 것은 자율성과 자동화가 결코 별개의 사건이 아니라는 점이다. 기존의 자

을 인공지능으로 간주하지 않는 입장의 핵심은 왓슨의 학습이 인간의 지도에 의해 이루어졌기 때문이다. 이러한 입장에서 알파고 역시 완전한 형태의 인공지능으로 인정하지 않는다. 물론 그것이 왓슨보다 한층 높은 기술인 것은 맞지만, 기계학습의 과정이 완전하게 자율적으로 진행되지 않기 때문이다. 이러한 점에서 볼 때, 진정한 인공지능의 수준에 거의 다다른 것은 알파고 제로라 할 수 있다. 알파고 제로의 경우 학습의 과정이 인간의 개입 없이 스스로 원리를 체득하여 문제 해결을 위한 알고리즘을 만들어가는 이른바 '비(非)지도학습'이 가능하다.

13) 스마트팩토리의 핵심은 플랫폼이다. 실제로 이 플랫폼 하나에 여러 제조업체가 모여들 수도 있으며, 서로 연결될 수도 있다. 더욱이 이 플랫폼 위에서 제조뿐 아니라 유통에 이르는 전 과정이 진행될 수 있으며, 이 플랫폼의 핵심 기술이 바로 CPS(Cyber-Physical System)이다. 물론 이 가상물리시스템은 인공지능을 토대로 운영된다. 따라서 이것을 단일화된 무인 자동화 공장으로 간주하고, 2022년까지 2만 개의 스마트팩토리를 육성한다는 식의 정부 정책은 스마트팩토리에 대한 오해일 뿐만 아니라 4차 산업혁명을 그저 자동화의 측면에서만 이해하는 좁은 시각을 반영한다.

동화는 자율성과는 별개의 사건으로서, 그 초점은 인간의 동작에 맞춰져 있었다. 이와 달리 인공지능 주도의 자동화에서는 단지 동작에만 초점이 맞춰져 있지 않다. 이 자동화에 있어서의 초점은 자동화보다는 오히려 판단에 맞춰져 있다. 동작에 초점을 맞추었던 기존의 자동화 과정에서, 판단은 인간의 몫이었다. 그리하여 인간의 노동이 자동화된 기계에 의해 대체되더라도, 인간은 최소한 판단의 영역에서, 즉 자동화된 기계로도 대체할 수 없는 창의적이고 자율적인 영역에서 또 다른 직업적 역할을 만들어 갈 수 있었다. 하지만 인공지능 주도의 자동화 단계에 있어서 이 같은 판단은 인간 고유의 영역이 아닐 수 있게 되었다.

자율주행차를 생각해보자. 우리가 지금 흔히 사용하고 있는 자동차는 이동과 관련된 인간의 동작을 대신하며, 그 운행 중의 모든 판단은 운전자인 인간의 몫으로 맡겨져 있다. 순간순간 발생하는 운행상의 정보들과 문제점들은 운전자인 인간이 매 순간 분석하고 판단하여 해결해야 한다. 이와는 달리 자율주행차의 경우 현재의 자동차와 같은 동작의 자동화뿐 아니라 운행 과정의 모든 정보의 취합과 이에 대한 판단이 탑재된 인공지능 소프트웨어에 의해 이루어진다. 이 때 기존의 운전자, 즉 모든 상황을 통제하였던 인간은 더 이상 그의 위치를 유지할 수 없으며, 오히려 인간을 역할에서 배제함으로써 자율주행차는 때로 무인자동차라 불리기도 한다. 더욱이 자율주행차 시험 운전 과정에서 발생한 사고의 경우에서 확인될 수 있듯이, 인간의 개입은 자율주행차의 안정적 운행에 방해 요소로 간주될 가능성이 높다.[14]

14) 운전을 하다보면 전혀 이해가 안 되는 방식으로 운전하는 운전자들을 흔히 볼 수 있다. 그리고 그러한 운전자에 우리 모두가 포함될 수 있다. 이에 반하여

자율주행차는 인공지능 주도의 자동화의 한 예일 따름이다. 다종다양한 산업의 전 분야에서 이와 같은 인공지능 주도의 자동화 경향은 확산되고 가속화될 가능성이 매우 높다. 또한 이러한 가능성에 비례하려 인간 개입의 가능성은 점차 낮아질 공산이 크다. 물론 이것이 지금 당장의 상황이지는 않다. 정확한 기간은 정할 수는 없더라도 어느 정도는 지금 수준의 인간 개입이 가능할 것이다. 하지만 이 흐름이 지속적으로 전개된다면 어느 순간 지금은 가늠할 수 없을 정도의 거대한 변화가 갑작스레 펼쳐질 가능성을 우리는 결코 배제할 수 없다. 이러한 점에서 우리는 그 변화의 출발점에 서 있는 우리 세대뿐 아니라 다음 세대를 위해서라도 이 같은 대체의 원인과 그에 대한 방법을 심도 있게 고민해야 한다.

자율주행차의 경우 주행 상의 모든 판단은 합리적 차원에서 이루어져야 한다. 이러한 탓에 인간이 운전하는 차는 자율주행차의 운행에 매우 큰 위협요소가 될 수 있다.

인간의 노동은 왜 대체되는가?

산업혁명을 관통하는 자동화의 흐름 속에서 인간의 노동은 지속적으로 대체되어 왔다.[15] 2차 산업혁명이 추동한 대량생산체계로 인하여 다양한 노동 공간이 생겨나면서 또 다른 인간 활동의 영역이 새롭게 생겨나기는 하였지만, 그 같은 대체는 지속적으로 이어져 온 하나의 일관적인 흐름이었다. '기술적 실업'은 기술의 수준이 높아질수록 점차 그 폭과 강도를 높여가고 있으며, 이 흐름을 크게 가속화할 것으로 예상되고 있는 4차 산업혁명의 기술적 특수성은 우리의 불안을 증폭시키고 있다. 미래 기술사회에 대한 불안을 부정적으로 바라보는 시선이 없는 것은 아니다. 비록 4차 산업혁명이 선언되기 전이긴 하지만, 레이 커즈와일은 인공지능의 미래를 비관적으로 보지 말 것을 주장하기도 하였다.[16] 이 주장의 핵심 근거는 인류가 인공지능

15) 약 20여 년 전, 제러미 리프킨은 이렇게 말한 바 있다. "초기 산업 기술은 노동력의 육체적 힘을 대체했다. 새로운 컴퓨터 기술은 인간의 마인드 자체를 대체하려 하고 있다. 생각하는 기계가 경제 행위의 전 영역에 걸쳐서 인간을 대체하고 있다. 이것은 중대한 의미를 지닌다. 우선 대다수 산업 국가의 노동력의 75퍼센트 이상이 단순한 반복 작업에 종사하고 있다. 자동 기계, 로봇, 더욱 더 정교화되고 있는 컴퓨터는 이런 작업들의 대부분을 수행할 수 있다. 이것은 미국에서만도 향후 1억 2400만 명의 총 노동력 중 9000만 명이 기계에 의해 대체될 수 있다는 사실을 의미한다. 최근의 조사에 따르면 전 세계 기업의 5퍼센트 정도가 향후 10년 이내에 불가피하게 다가올 새로운 기계 문화, 대량 실업에로의 이행을 시작했다. 노벨상 수상자인 경제학자 레온티에프는 이러한 이행의 중요성을 음미하면서 다음과 같이 경고했다. <보다 정교한 컴퓨터의 도입으로 인하여 마치 농경 시대에 있어서 말의 역할이 트랙터의 도입에 의해서 감소되고 제거된 것처럼, 가장 중요한 생산 요소로서의 인간의 역할이 감소하게 될 것이다.>" 제러미 리프킨, 앞의 책, 62쪽.

16) 레이 커즈와일은 <타임> 인터넷 판에 기고한 글에서 인공지능은 디스토피아

기술에 대한 충분한 통제 가능성과 경험이 있으며, 그 기술의 활용이 오히려 인류에게 큰 이득을 가져올 것이라는 전망이었다.

하지만 사람들의 불안은 결코 어리석음의 산물이지 않다. 레이 커즈와일의 발언은 스티븐 호킹과 일론 머스크를 염두에 둔 것이었지만, 그들은 그 이후에도 인공지능의 위험성을 지속적으로 경고하고 있고, 더욱이 그들 외에도 닉 보스트롬이나 유발 하라리와 같은 학자들도 여전히 인공지능이 갖추고 있는 능력에 대해 심각한 우려를 표명하고 있다. 그 우려의 핵심은 인간을 초월한 인공지능의 능력인데, 만일 그 능력이 통제되지 못한다면, 인간의 존재 가치가 크게 위축되거나 상실될 수 있기 때문이다. 미래에 대한 인간의 불안은 바로 여기에 근거한다. 노동 대체의 흐름은 인공지능의 능력이 인간을 초월하는 시점(singularity)에서 가공할 폭발력을 갖게 될 것이며, 생존을 위한 인간의 활동인 노동의 상실은 존재 그 자체의 부정이 될 것이기 때문이다.

그런데 우리는 왜 노동의 대체 가능성에 대하여 그렇게 불안해하는 것일까? 미래에 대한 낙관론처럼, 노동은 인공지능 주도의 자동

영화에서처럼 한두 명의 손이 아닌 10~20억 명의 손에 쥐어진 것으로 그러한 디스토피아적 전망이 현실화될 수 없다고 비판하였다. 또한 그는 우리 인류가 위험한 기술을 통제했던 경험을 갖고 있으며, 예를 들어 유전자 재조합기술의 위험성 때문에 생물학자들 스스로 1975년 아실로마 회의에서 유전자 재조합 실험에 적용하는 가이드라인을 발표하고 지켜오고 있는 것처럼, 개별 인공지능 프로젝트의 미션을 명확히 정의하고 승인되지 않은 사용을 금지하기 위한 암호화된 세이프가드 안에서 개발하도록 하는 방안을 내어 놓기도 하였다. 더불어 인공지능은 인류가 발전하는 데 있어 중심적 기술이며, 인류가 스스로 도덕적이고 윤리적인 사회를 건설하는 것이 인공지능의 위험을 제거할 수 있는 대안이라 주장하였다. Ray Kurzweil, "Don't fear artificial intelligence," *Time*, December 19, 2014 참조. http://time.com/3641921/dont-fear-artificial-intelligence/

화 기술에 맡기고서 그 대신 우리는 창의적이고 창조적인 활동을 해 나가면 되지 않을까? 아마도 누구나 바라마지 않는 미래의 상이지 싶다. 하지만 바라는 것과 현실은 전혀 다른 것일 수 있다. 창의적이고 창조적인 활동의 영역이 우리를 수용할 만큼 다양하고 풍부한가 하는 문제가 남아 있기 때문이다. 예를 들어 자동화에 의한 대체 확률이 낮은 예술 계통의 직군들에서 그렇게 대체된 인력을 수용할 수 있는 가능성은 그리 높지 못할 것이다. 어느 정도 수용을 한다고 할지라도 문제는 끝나지 않는다. 그와 같은 활동을 통해 우리는 생존을 보장받을 수 있는 수입을 확보할 수 있는가와 같은 또 다른 문제들이 남기 때문이다. 그 대체 가능성이 낮은 또 다른 직업 분야들 역시 상황은 별반 다르지 않다. 물론 지나친 비관론도 옳을 수는 없겠지만, 이것은 단순한 비관론일 수는 없다. 인간 활동의 탄력성과 관련된 문제이기 때문이다. 우리는 현실적으로 노동 외의 구체적인 인간 활동을 떠올려 볼 수 있는가?[17]

> 근대는 이론적으로 노동을 예찬했고 결과적으로 모든 사회를 노동사회로 변형시켰다. 소원은 동화에서처럼 소원 자체가 좌절되고 실패하는 순간에 이루어진다. 노동의 속박에서 해방되어야 할 것은 노동자 사회다. 그런데 이 노동자 사회는 해방을 위해 투쟁할 만한 가치가 있는 더 높은 차원의 더 의미 있는 활동을 알지 못한다. 사람들이 노동의 방식으로 함께 살아가기 때문에 평등해진 이 사회에는 인

---

17) 4차 산업혁명에 대한 각국의 대책들은 사람들을 노동시장 내에 머무를 수 있도록 하는데 초점이 맞추어져 있다. 산업사회가 유지될 수 있는 유일한 길은 인간이 노동할 수 있는 기회를 마련하는 것이며, 노동할 수 있는 일자리를 마련하는 것이 미래 사회를 위한 가장 중요한 대책 가운데 하나가 된다.

간의 다른 능력을 회복시킬 수 있는 정치적 귀족이나 영적인 귀족 또는 어떤 다른 계급도 남아 있지 않다. 대통령이나 왕, 수상조차 자신들의 업무를 사회생활을 위해 필요한 직업의 관점에서 생각한다.[18]

한나 아렌트가 말하듯 노동의 방식으로 평등해진 노동 사회 속에서 노동은 인간의 유일한 활동으로 자리 잡게 된다. 그런데 이 노동 사회는 우리에게 그리 낯선 사회가 아니니다. 우리가 살고 있는 지금의 사회가 바로 그 같은 노동 사회이다. 노동 사회의 가장 큰 단점은 인간 활동의 탄력성이 구조적으로 그리 크지 않다는 점이다. 노동으로 일원화된 인간의 활동은 그 다양성의 상실로 인하여, 그것에 대한 타격에서 회복할 수 있는 탄력성을 실질적으로 높이 가질 수 없다. 이러한 까닭에 그 유일의 활동을 상실하게 되는 노동이 없는 노동자 사회의 도래는 이 사회가 직면할 수 있는 가장 끔찍한 사건으로, 한나 아렌트의 표현에 따르면 '최악의 상황'[19]이 도래하는 것이다.

노동 사회의 도래는 산업혁명을 통해 실질적으로 이루어졌다. 산업혁명은 그저 산업계 내부에서 일어나는 사건이 아니었다. 그것은 오히려 인간 삶에 새로운 환경이 조성되는 그러한 사건이었다. 산업혁명은 경제적으로는 자본주의 사회를 촉발시켰으며, 산업 생산의 측면에서는 기계제 생산 체계를 구축하였다.[20] 이 둘은 결코 별개

18) 한나 아렌트,『인간의 조건』, 이진우 옮김, 한길사, 2017, 71쪽.

19) 위의 책, 같은 쪽.

20) 칼 폴라니는 1차 산업혁명이 초래한 이 같은 변화에 대하여 다음과 같이 말한 바 있다. "시장의 확장이 이루어진 방법이라든가, 면화 산업에 유리한 습한 기후에 더해서 석탄과 철이 갖추어졌다든가, 무수히 많은 사람들이 18세기에 새로이 시작된 종획 운동으로 재산을 잃고 쫓겨나게 되었다든가, 자유를 보장하는 제도들이 그 전부터 확립되어 있었다든가, 기계의 발명과 여타의 원인들이

의 것이 아니었다. 기계제 생산체계와 자본주의는 맞물려 돌아가는 상호 촉진의 관계였다. 이 관계 속에서 인간의 노동은 매우 큰 변화를 맞이하게 된다. 기계제 생산 방식이 일정부분 인간의 노동을 대체하기는 하였지만, 그럼에도 불구하고 기계제 생산 환경 역시 인간의 노동을 필요로 하였다. 그런데 이전과 달리 여기에 한 가지 조건이 덧붙게 된다. 그것이 바로 자본주의라는 경제체제였다. 자본주의를 뒷받침하는 것은 시장이며, 시장사회는 곧 자본주의 사회의 다른 표현이기도 하다. 시장은 모든 산업 생산의 토대이다. 생산된 물품을 팔아야하기 때문에 시장이 필요한 것이 아니라, 시장이 산업 생산의 전제 조건이기 때문이었다. 공장의 생산을 위한 모든 요소들은 시장을 통해 구매되어야 했다. 따라서 그 생산 요소들은 모두 시장에 상품으로서 투입될 수 있어야 했다. 이 때 그 이전에는 시장에 상품으로 투입될 수 없던 요소들이 시장에 투입되었는데, 그 중 하나가 지금 우리가 다루고 있는 노동이다.[21] 노동은 시장에 투입되어야 했기

상호작용하여 산업혁명을 낳았다든가 하는 이야기들은 무수히 많이 나왔다. 그리하여 이렇게 많은 원인들이 복잡하게 얽힌 사슬 속에서 하나의 고리만을 집어내어 그것이 산업혁명이라는 급작스럽고 아무도 예측 못한 사건의 유일한 원인이라고 주장하는 것은 불가능하다는 것이 확정적으로 증명되었다. 하지만 이 혁명 자체는 어떻게 정의해야 할까? …… 우리는 다음과 같은 견해를 제시하고자 한다. 가장 기본적 변화는 바로 시장경제의 확립이며 이러한 모든 변화들은 그저 이것에 부수적으로 생겨난 것들에 불과하다고. 그리고 그 시장경제라는 제도의 성격을 완전히 파악하기 위해서는 기계적 생산이 상업 사회(commercial society)에 나타났을 때에 그것에 어떤 충격을 주었는가를 깨달아야만 한다고. 우리는 기계가 모든 벌어졌던 일들의 원인이라고 주장하는 것이 아니다. 정교한 기계들과 공장 시설이 어떤 상업화된 사회 안에서 일단 쓰이게 되면 자기조정 시장이라는 아이디어가 반드시 생겨날 수밖에 없다고 주장하는 것이다."(칼 폴라니, 『거대한 전환』, 홍기빈 옮김, 길, 2009, 176쪽.)

21) 이렇게 투입된 노동은 생산된 상품의 가치를 결정하는 가장 중요한 요소가 되었다. 노동 외에도 토지와 화폐 역시 산업혁명 이전과 달리 상품으로 전환

에 하나의 상품이 되었다. 그런데 이 노동의 상품화 과정에서 하나 주목해야 할 것이 있는데, 그것은 바로 상품화되는 것은 노동 그 자체가 아니라 '노동력'이라는 점이다.

> 노동이란 인간 활동의 다른 이름일 뿐이다. 인간 활동은 인간의 생명과 함께 붙어 있는 것이며, 판매를 위해서가 아니라 전혀 다른 이유에서 생산되는 것이다. 게다가 그 활동은 생명의 다른 영역과 분리할 수 없으며, 비축할 수도, 사람 자신과 분리하여 동원할 수도 없다.[22]

노동과 노동력을 구분하지 않을 때, 자칫 노동의 상품화는 인간 자신의 상품화로 이해될 수 있다. 노동은 인간의 고유한 활동이며, 따라서 이 고유한 활동을 상품화한다는 것은 곧 인간 자체의 상품화와 진배없는 것이다. 이러한 우(愚)를 범하지 않기 위해서라도, 최소한 노동의 상품화는 인간 상품화로 이해되어서는 안 된다. 그러하기에 여기서 하나의 이념적 구분이 이루어져야 했다. 상품화의 대상은 인간의 활동으로서의 노동이 아니라 그가 활동할 수 있는 능력으로서의 '노동력'이며, 이 상품이 상품으로서 판매되기 위해서는 상품으로서의 그 능력은 그것을 소유하고 있는 인간에게서 분리될 수 있어야만 한다.

문제는 이 분리가 그저 이념적이라는 점이다. 상품으로서의 노동력 역시 물리적으로 그것의 담지자인 인간에게서 결코 분리해 낼 수 없다. 그럼에도 불구하고 기만적인 이념적 분리를 통해 인간의 노동력은 상품으로 전환되었다. 하지만 노동력과 그것의 담지자인 인간

되어 시장에 투입되는 요소가 되었다. 앞의 책, 243쪽 참조.

22) 앞의 책, 같은 쪽.

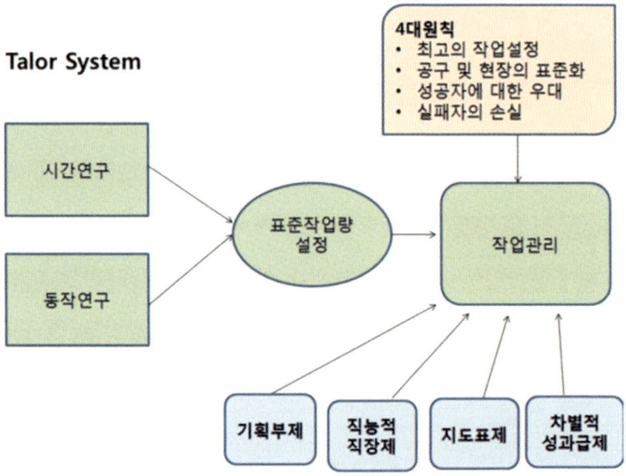

https://commons.wikimedia.org/wiki/File:%EC%8A%AC%EB%9D%BC%EC%9D%B4%EB%93%9C1.PNG

의 물리적 분리 불가능성에 의해, 노동력이라는 상품의 구매 과정에, 즉 시장에 인간이 투입될 수밖에 없는 결과가 초래되었다.[23] 이렇게 노동시장으로 진입된 인간은 기계제 생산 시스템 내의 한 요소로서 생산 과정에 투입되었다. 이 과정에서 상품화된 인간의 노동은 새로운 운명을 맞이하게 되었다.

기계제 생산 시스템 내에서 인간과 기계 모두는 동일한 생산의 요소로 간주되었다. 인간과 기계는 그 생산 과정에서 서로 다른 고유의 임무를 수행한 것이 아니었다. 이로 인하여 기계는 더 이상 인간의 도

23) 최근까지도 기업에 의해 노동자들에게 가해지는 각종 횡포의 원인은 바로 여기에 있다. 노동력의 사용과 관련된 모든 지시와 태도는 그 노동력의 담지자인 인간, 즉 노동자에게 직접적인 영향을 미치게 되며, "이런 체제 아래서 인간의 노동력을 그 소유자가 마음대로 처리하다 보면 그 노동력이라는 꼬리표를 달고 있는 '사람'이라는 육체적·심리적·도덕적 실체도 소유자가 마음대로 처리하게 된다." 앞의 책, 244쪽.

구가 아닌, 도리어 인간과 대립해 있는 강력한 경쟁자가 되었다.[24] 경쟁이 가능하려면, 경쟁자들 모두에게는 동일한 기준이 적용되어야만 한다. 이 기준이 존재하지 않고는 경쟁이라는 행위 자체가 성립될 수가 없기 때문이다. 인간과 기계의 경쟁 역시 마찬가지였다. 문제는 이 경쟁의 기준이 인간에게 우호적이지 않았다는 데 있다. 인간의 노동력과 기계가 작동하는 능력은 생산에 사용되는 동일한 힘으로 간주되었으며, 이에 따라 이 힘을 측정할 수 있는 기준이, 사실상 기계에게 적용되었던 기준이 인간에게도 동일하게 적용되었던 것이다.

기계의 작동과 인간의 노동력 모두 생산에 투입되는 동일한 요소들이며, 그러한 한 이 두 요소 모두 생산 과정에 투입되어 어느 정도의 성과를 내었는지 측정될 수 있어야만 한다. 다시 말해 인간과 기계 모두 생산성, 즉 생산의 효율성이라는 기준의 적용을 받아야 했으며, 이와 동시에 이 두 요소들 간의 경쟁은 시작되었다.[25] 이러한 상황에 처한 인간의 운명을 극명하게 보여주는 사례가 바로 테일러 시스템이다

24) 기계와 인간의 비교는 한 편으로 인간이 도구가 되었다는 것을 의미하기도 한다. G.D.H 콜은 로버트 오언의 전기를 쓰면서, 초기의 산업혁명의 시대상에 대해 이렇게 말한 바 있다. "…초기의 산업혁명 시대에는 온갖 빈곤과 학대가 넘쳐나던 시기였다. 그는 남녀노소 할 것 없이 모든 인간들이 이 새로 나타난 공장들의 노예가 되어 발육이 정지되고 팔다리가 잘리고 도덕심이라고는 찾아볼 수 없는 인간 이하의 존재로 전락하는 것을 보며 자랐다. 도저히 믿을 수 없을 정도의 끔찍하고 해로운 상태에서 도저히 몸이 견뎌낼 수 없는 장시간 노동에 처해진 이들은 인간으로서가 아니라 그저 부를 축적하기 위한 도구들로 취급받았던 것이다."(G.D.H 콜, 『로버트 오언』, 홍기빈 옮김, 칼폴라니사회경제연구소, 2017, 21쪽)

25) 효율성은 기계에 적용되는 개념이었다.

> … 1911년에 출판된 테일러의 저서『과학적 경영원리』……에 포함된 신념 가운데 하나는 인간이 행하는 노동과 생각의 (유일한 것은 아니라 할지라도) 주된 목표가 효율성이라는 것이다. …… '시간과 동작 연구'를 포함하고 있는 테일러의 시스템에서는 각 노동자들의 개인적 판단이 그들의 작업을 규율하는 '과학'의 법, 규칙, 그리고 원리로 대체되었다. 물론 이것이 분명히 말해 주고 있는 바는, 노동자들이 이전에 의존하던 낡아빠진 모든 주먹구구식 사고방식을 버려야 한다는 것인데, 사실 노동자들은 더 이상 아무것도 생각하지 않아도 되는 시대에 살게 된 것이다.[26]

과학적 경영기법으로 널리 알려진 테일러시스템은, 앞서 언급한 것처럼, 기계에 적용되던 효율성 기준을 인간에게도 동일하게 적용하였다. 물론 이러한 과학적 경영을 통해 기업의 이익을 늘리고 노동자들에게 더 많은 임금과 노동시간 단축 등의 여건을 제공하기 위한 것이었지만, 이를 위해 인간의 노동은 기계적 메커니즘으로 이해되어야만 했다. 문제는 이렇게 기계적 메커니즘으로 이해된 노동이 결코 기계를 능가할 수 없다는 것이었다.

기계와의 대결 구도 속에서 인간 노동의 운명은 사실 너무도 자명한 것이었다. 기계제 생산 체계 내에서 기계가 차지하고 있는 메커니즘 상의 우위성에 인간의 노동은 견줄만한 것은 아니었다. 인간의 노동은, 특히 인간의 육체노동은 기계에 의해 대체되기 시작한 것이었다. 인간의 노동을 기계적 메커니즘으로 이해하는 방식은 비단 테일러 시스템에만 국한된 것은 아니다. 오히려 이 방식은 그 이후 지속

---

26) 닐 포스트먼,『테크노폴리』, 김균 옮김, 궁리, 2005, 73~74쪽.

적으로 수정 보완되었으며, 1966년 호주에서 새로운 표준시간 측정 방식인 MODAPTS(MODULAR ARRANGEMENT OF PREDETERMINED TIME STANDARD)가 개발되어 지금까지도 사용되고 있다. 인간의 노동을 한갓 기계적 메커니즘 하에서 이해하는 이 같은 시각이 지배적인 상황에서 우리가 맞이하게 될 4차 산업혁명의 미래에 대한 우려는 오히려 지극히 당연하고 어쩌면 현명한 태도일 수도 있다.

이렇게 살 것인가?

한나 아렌트는 자동화를 매우 심각한 문제로 인식하였다. 인간의 전(全) 활동이 노동으로 일원화된 사회에 있어 자동화는 인간에게 유일하게 남아 있는 그 활동도 앗아갈 수 있기 때문이었다. 노동이 없는 노동자 사회는 노동에서 해방된 사회가 아니라 인간의 활동이 박탈된 사회일 따름인 것이다. 그렇지만 그 예상은 그 시대에서는 적중하지 못하였다. 물론 우리나라는 전쟁을 겪고 힘든 시간을 보내고 있었지만, 세계적으로는 2차 산업혁명의 특징인 대량생산의 가속화 속에서 한 동안 세계적인 호황을 누리던 시기였으며, 미국의 경우 중산층이 가장 두터웠던 그야말로 풍요의 시대이기도 하였다.

아렌트의 예상이 계속해서 빗나갔다면 좋았을 성싶다. 아쉽게도 그녀의 예상은 그저 빗나간 것처럼 보였을 뿐이다. 그 현상의 배면에서는 지속적으로 자동화의 전진은 이루어지고 있다. 차근차근 진행되어 온 자동화는 정교한 컴퓨터와 결합되었고, 이 같은 결합은, 앞서 언급된 레온티에프의 경고처럼, 가장 중요한 생산 요소인 인간의 역할을 감소시켜 왔다. 역할의 감소는 분명 육체를 사용하는 영역에서 시작되었지만, 그렇다고 그 영역에만 국한된 것은 아니었다. 이른바 정신노동에 이르는 노동의 전 스펙트럼으로 그 같은 경향은 점차 확대되었으며, 그 연장선상에서 4차 산업혁명은 선언되었다. 어쩌면 이 선언은 인간의 운명을 가를 수 있는 중대한 사건이다. 인간은 어떠한 운명의 갈림길에 서 있는 것일까? 지금과 같은 경향성이 유지된다고 가정한다면, 인간의 운명과 관련해 주목해야 할 두 개의 사건이 있다.

20세기 중반 앨런 튜링은 경험을 통해 학습하고 스스로 지시 사항을 변경할 수 있는 기계의 가능성을 제시한 바 있다. 체스를 둘 수 있을 정도로, 그것도 잘 둘 수 있을 정도의 지능을 갖춘 기계 출현의 가능성을 말이다.[27] 그로부터 약 50년 후 튜링의 바람은 실제로 이루어졌다. IBM은 인간에게 도전할 컴퓨터를 만들 계획을 세웠으며, 그 상대로 정한 것은 체스마스터였다. IBM이 만든 슈퍼컴퓨터 딥 블루는 당시 체스마스터였던 게리 카스파로프(Gary Kasparov)와 대결하였고, 그 첫 대결에서는 인간이 컴퓨터에 승리하였다. 그리고 1년 후인 1997년 성능이 보강된 딥 블루는 게리 카스파로프와의 재대결에서 완승을 거두었다.

이 대결의 결과에 대해 사람들이 느꼈던 충격은 매우 큰 것이었다. 이 대결은 흔히 벌어질 수 있는 게임들 중 하나가 결코 아니었다. 더욱이 체스 경기의 그랜드 마스터들은 무수한 인간들 중 하나의 인간으로 대접받는 존재가 아니었다. 체스마스터였던 아나톨리 카르포프는 그의 어린 시절 무렵 느꼈던 체스마스터들을 다른 세계에 살고 있는 존재로 표현한 바 있다. 그들은 인간이 아니라 "신이나 신화 속 영웅 같은 존재"였다. 게리 카스파로프의 패배 당시 네덜란드의 그랜드 마스터였던 얀 하인 도너는 이 같은 충격을 취재기자에게 이렇게 전했다고 한다. 만일 자신이 컴퓨터와 체스 대결을 한다면,

"망치를 가져가겠습니다."[28]

---

27) 스티브 존스, 『원더랜드』, 홍지수 옮김, 프런티어, 2017, 287~288쪽 참조.

28) 에릭 브린욜프슨·앤드루 맥아피, 『제2의 기계시대』, 이한음 옮김, 청림출판, 2014, 238쪽.

게리 카스파로프의 패배 이후 약 20년 후 유사한 대결이 다시 한 번 벌어졌다. 구글의 인공지능 알파고와 이세돌의 바둑 대결이 그것이다. 그 과정이야 이미 잘 알려진 것이어서 지면을 할애하며 기술할 필요는 전혀 없겠지만, 바둑은 결코 무너지지 않을 최후의 보루로 간주되었던 분야니 만큼, 그 패배의 충격이 게리 카스파로프의 패배 이상이었다.

이 두 가지 사건을 언급한 것은 단지 인간이 기계에 패배했다는 것을 말하고자 하는 것이 아니다. 물론 이들이 패배한 것은 분명하지만, 평범한 우리 인간의 운명을 그들과 같은 천재적 능력을 소유한 사람들의 패배에서 직접적으로 가늠해 보기는 너무도 어려운 일이다. 그보다 여기서 살펴보려는 것은 이 두 이 대결에서 인간이 처해 있는 유사한 상황들이다. 먼저 주목되는 상황은 인간이 기계기술과 대결하고 있었다는 점이다. 딥 블루와 카스파로프 그리고 알파고와 이세돌의 대결. 물론 이들은 천재적인 개인들이었지만, 우리 모두가 투영된 일종의 대표 단수로서의 인간이었으며, 이 인간은 슈퍼컴퓨터와 인공지능이라는 기계기술과 대결의 구도를 형성하고 있었던 것이다. 다른 하나는 이 인간들 앞에 또 다른 인간이 그 기계기술을 대신하여 앉아있었다는 점이다. 게리 카스파로프 앞에 펭쉬엉 수(Feng-hsiung Hsu)가 그리고 이세돌의 앞에 아자 황(Aja Huang)이 각각 딥블루와 알파고를 대리하여 대국을 진행하였다. 물론 그렇게 진행한 여러 의도가 있을 수도 있겠으나, 이 장면은 그간 우리가 생각해 온 바와는 달리 인간이 더 이상 기술의 통제자가 아니라는 점을 분명하게 보여준다. 이 두 번의 대결에서 반복되어 사유되는 것은 인간이 도리어 기술의 대리자 혹은 아바타적 존재가 될 수도 있다는 점이다. 기계기술과 대결하고 경쟁하는 인간 그리고 기계기술의 아바타로 전락할 수 있는 인간이라는 이 두 가지의 상황은 3차 산업혁명과 4차 산업혁명을 관통하여 전개될 우리의 운명일 수도 있다. 이세돌 이후 커제가 재차 확인시켜 주었듯이, 기계 기술의 아바타라는 존재적 지위에 놓인 인간이 그 기계 기술과 대결해야 하는 상황이 4차 산업혁명 과정 속에서도 반복된다면, 우리가 처하게 될 문제 상황은 너무도 심각한 것일 수 있다.

대결, 그것은 인간의 운명이어야 하는가?

인간이 처한 두 상황은 사실 독립적인 별도의 사건이 아니다. 인간이 기계기술의 아바타가 될 수 있는 것은 기계기술과의 경쟁적 대결의 결과이기 때문이다. 각각의 고유성을 인정하는 '다름'은 결코 경쟁적 대결의 이념이나 가치일 수 없다. 앞서 보았듯, 산업혁명 초기부터 인간이 기계와 경쟁적 대결을 했던 것은 인간의 노동 역시 기계적 메커니즘으로 간주되었기 때문이다. 경쟁과 대결은 비교될 수 있음을 전제로 하기 때문에, 이 비교를 위한 공통의 기준이 설정되어야만 한다. 앨런 튜링이 생각한 것처럼, 체스를 두는 기계가 가능하려면, 체스는 기계가 할 수 있는 것이 되어야 한다.

딥블루였든, 왓슨이었든 그리고 알파고나 알파고 제로이든 상관없이, 그 같은 경쟁적 대결 속에서 체스도, 퀴즈도, 바둑도 모두 기계가 할 수 있는 것일 따름이다. 기계가 할 수 있는 일에 대하여 인간이 기계보다 우위를 점할 수 있다고 생각하는 것은 실상 어리석은 짓이다. 우리가 계속해서 기계와 경쟁적으로 대결하고자 한다면, 우리는 우리 스스로 인간의 활동을 기계적 기능으로 끊임없이 환원시켜야 한다. 이것은 바닥의 흙을 퍼 건물을 높이는 것과 전혀 다를 바 없다. 건물을 무너지지 않게 하려면, 더 이상 바닥의 흙을 퍼 올려서는 안 된다. 마찬가지로 우리가 이 상황에서 벗어나고자 한다면, 우리는 우리가 그간 해온 그래서 우리에게 익숙한 방식과 생각에서 벗어나야 한다. 그래온 것처럼 끊임없는 환원의 방식으로 획일적 기준 하에서 경쟁과 대결의 과정을 반복하는 데서 벗어나, 서로의 다름을 인정하는 태도의 전환이 필요한 시점이다. 협력(cooperation)은 이 같은 전환 속에서 새롭게 드러나게 되는 미래의 가치다.

기존의 과학기술은 효율 향상과 성능 증강이 그 유일의 목표였다. 이러한 목표를 갖는 기술은 발전의 발전을 거듭한 끝에 인간의 지적 성능마저 능가하는 로봇 기술의 등장을 예고하는 단계에까지 이르렀다. 그리고 이미 많은 부분에서 과학기술은 인간을 대체하여 인간을 불필요한 존재로 전락시키는 방향으로 발전하고 있다. 그러나 이러한 방향의 발전은 경제와 사회문화적으로 상당한 문제점을 야기하고 있다. 그러나 이러한 방향의 발전은 경제와 사회문화적으로 상당한 문제점을 야기하고 있다. 즉 과학기술의 발전과 그에 의한 경제성장이 오히려 실업자를 양산하여 빈곤층을 증가시키는 역설을 낳고 있는 것이다. 따라서 과학기술은 이제 인간을 대체하는 것이 아니라 인간과 함께하는, 나아가 인간과 협력하는 기술로 발전 방향을 재조정해야 한다.[29]

대결에 익숙한 우리에게 있어 협력은 그저 좋은 말에 그칠 수 있다. 하지만 이러한 협력이 얼마나 실천적이며 위력적일 수 있는지를 보여주는 사례가 있다. 게리 카스파로프는 딥 블루와의 대결에서 패한 후 슈퍼컴퓨터와의 대결 자체에 대해 많은 고민을 하였다. 이 고민 끝에 그가 내린 결론은 컴퓨터와 인간이 파트너가 되는 것이었다.[30] 기계와의 대결 대신 인간과 파트너를 이루어서 지금껏 이루어

29) 이종관,『포스트휴먼이 온다』, 사월의 책, 2017, 369쪽.

30) Garry Kasparov, "The Chess Master and the Computer," *New York Review of Books*, February 11, 2010 참조. 카스파로프가 이 파트너십을 생각해 낸 것은 인간과 기계의 차이에 기인된 것이었다. 그는 세계 탑 랭커인 불가리아 체스 선수인 Veselin Topalov와의 경기에 대해 언급하는데, 이 경기에서 이 둘 모두 컴퓨터를 사용할 수 있었다. 그런데 여기서 중요한 것은 그들 모두 동일한 데

진 중 최고 수준의 체스 게임을 만들 수 있다고 그는 생각하였다. 그는 이것을 "진일보한 체스(Advanced Chess)"라 불렀고, 이 체스 경기에서는 선수들 각자는 자신이 사용할 소프트웨어를 작동시킬 수 있는 PC를 하나씩 갖고 참석하는 것이었다. 그의 이러한 생각은 2005년 '프리스타일'이라는 명칭이 붙은 체스대회로 이어졌다.

이 체스대회에서 참가자들은 자유롭게 컴퓨터와 팀을 이루어 체스 경기를 할 수 있었다. 대회의 목적은 게리 카스파로프의 생각처럼, 인간과 기계가 최상의 협력(synthesis of the best)을 이뤄낼 수 있는지를 확인해 보는 것이었다. 이를 위해 이 체스대회에서는 최강의 체스 전용 슈퍼컴퓨터인 하이드라(Hydra)가 출전하였으며, 인간들은 각자 자신들이 선택한 컴퓨터와 파트너를 맺어 출전하였다. 이 대결의 과정과 결과 모두는 매우 드라마틱한 것이었다. 이 대회를 자세히 관찰했던 카스파로프에 따르면, 체스 고수가 아닌 아마추어 수준의 인간이 보다 좋은 성능의 컴퓨터와 협력하여 최강의 성능을 갖춘 슈퍼컴퓨터에 대하여 승리를 거두었던 것이다.[31]

이 승리는 여러모로 우리에게 매우 중요한 경험이었다. 우선 인간과 기계의 협력이 단지 허울뿐인 말이 아님이 이 승리를 통해 입증되

이터베이스를 사용했기 때문에, 경기에서 우위를 차지하는 것은 어느 시점에선 새로운 아이디어를 떠올리는가에 달려 있었던 것이다(But since we both had equal access to the same database, the advantage still came down to creating a new idea at some point). 즉 컴퓨터의 기능과 인간의 사고는 서로 다른 것이며, 이 다름에 기초하여 카스파로프는 컴퓨터와 인간의 파트너가 될 수 있다고 생각했던 것이다. http://www.nybooks.com/articles/2010/02/11/the-chess-master-and-the-computer/

31) 이 대회의 우승은 동시에 세 대의 컴퓨터를 사용한 미국의 아마추어 선수들이었다. 이들은 하이드라뿐 아니라 최신 컴퓨터를 소지한 그랜드 마스터를 뛰어넘었다.

었다. 이 승리는 인간과 기계의 협력이 실질적인 힘을 갖는다는 것뿐만 아니라 그 힘이 범인(凡人)인 우리도 가질 수 있다는 것을 확연하게 보여준 것이었다. 또한 이 승리를 통해 우리는 기존에 우리가 갖고 있던 기계에 대한 태도 변화의 필요성을 깨닫게 되었다. 인간과 기계를 하나의 시선으로 바라보는 것이 아니라, 기계의 작동과 인간의 활동 간의 차이를 인정함으로써, 인간과 기계의 협력이라는 미래를 위한 새로운 지향점을 세워야 하는 것이다.

하지만 여전히 우리에게 지배적인 가치는 경쟁과 대결이다. 우리의 교육과 사회는 끊임없는 경쟁과 대결을 종용하고 있으며, 어려서부터 체득하게 되는 이 같은 가치를 우리는 너무도 당연한 것으로 간주하고 더욱이 재생산하고 있다. 인간의 강화를 통해 인공지능에 대항하려는 지금의 시도들은 미래를 여전히 과거와 현재의 가치로서 대응하고 조망하려는 태도를 잘 보여준다. 특히 인간의 뇌를 강화하려는 시도는 대표적인 예이다.

현재 여러 나라에서는 뇌-컴퓨터 인터페이스(BCI) 기술 개발에 박차를 가하고 있으며,[32] 사업가들 역시 이 같은 기술 개발에 적극적으로 나서고 있다.[33] 정책들의 지향점은 다양하겠지만, 그럼에도 이것들 모두 하나의 공통적 의미를 담고 있다. 인간의 뇌와 컴퓨터, 보다

---

32) 해외 주요국의 뇌과학 연구 현황은 다음과 같다. ① EU : '휴먼 브레인 프로젝트'(2013-2022), 인공뇌 구현 및 인프라 구축을 목표로 하고 있음. 총 예산은 1조 4000억 원 ② 일본 : 2014년 '브레인/마인드' (2014-2023), 2014년 300억 원이 투여됨. 감정 관련 신경활동 이해를 목표로 하고 있음. ③ 중국 : 2015년 '차이나 브레인'(2015-2035/45), 지능기술 개발 및 뇌질환 극복을 목표로 하고 있음. 예산은 미정임. ④ 미국 : '브레인 이니셔티브'(2013-2024), 행동 관련 신경회로 규명을 목표로 하고 있음. 총 예산은 5조 5천억 원.

33) 뉴럴링크를 새로 설립한 일론 머스크뿐만 아니라 페이스북의 저커버그 역시 인간의 뇌와 인공지능을 연결하는 기술을 개발 중이라 밝힌 바 있다.

정확히 말하자면 뇌와 인공지능을 연결시키려는 의도는 인간의 뇌가 약점을 갖고 있으며, 이 약점은 어떻게든 보완해야 한다는 점이다. 질병의 치유 등 여러 목적을 갖고 있지만, 이 보완의 핵심은 인공지능과 연관되어 있다. 인간 뇌의 약점이 가장 두드러지게 나타나는 것은 그것을 인공지능과 비교했을 때이다.

인공지능에 대해 경고되고 있는 위험성은 인간의 뇌가 인공지능이 수행하는 기능을 결코 수행할 수 없다는 데서 비롯되는 것이다. 자연 상태의 인간의 뇌는 인공지능을 상대할 수 없으며, 이 같은 위험성에서 어느 정도라도 벗어나기 위해서는 인간의 뇌 기능을 강화할 수 있어야 하는 것이다. 뇌의 기능을 강화하는 방법은 인간의 뇌와 인공지능을 연결시키는 것이다. 인공지능 칩을 뇌에 장착한 이른바 강화-뇌(augmented brain)를 소유한 증강인류가 탄생함으로써, 인공지능의 위험성은 근본적으로 극복될 수 있는 것이다.

이것은 언뜻 일종의 협력 모델로 보이기도 한다. 인간의 뇌와 인공지능의 협력 구조를 구현함으로써 시너지를 얻게 되는 방식은 프리스타일 체스 대회의 경우와 매우 흡사해 보인다. 그러나 프리스타일 체스 대회와 달리 강화-뇌의 경우 인간과 기계의 다름은 전혀 고려되고 있지 않다. 오히려 그 강화는 인간의 뇌가 인공지능을 닮아가는 방식으로 이루어지기 때문이다. 인공지능을 닮아가는 뇌가 과연 인공지능을 상대할 수 있을까? 구글의 AutoML과 같이 인공지능을 만드는 인공지능의 단계로 나아가고 있는 지금, 인공지능을 닮아가는 뇌 정도로 인공지능의 위험성을 극복한다는 것은 그리 실효성 있는 대안이라고 여겨지지 않는다. 인공지능을 닮아가는 뇌는 인간의 신체가 갖고 있는 독특성이 전혀 고려되고 있지 않다. 더욱이 이러한 기획 속에는 인간 개인이 자신의 뇌를 강화하여 인공지능과 경쟁하고 대결해야 한다는 생각이 그 근저에 자리 잡고 있다. 이 같은 경쟁과 대결의 지배 하에서 인간의 대체를 피해갈 수 있을 가능성은 거의 보이지 않는다. 경쟁과 대결을 운명으로 받아들일 수 없는 이유이다.

잊힌 문제 그리고 인간의 일

암울한 미래를 그려내고자 하는 것은 결코 아니다. 이 글의 의도는 그와는 정반대의 것이다. 이러한 의미에서, 기존의 산업혁명이 유지해 온 관점과 가치가 유지될 때, 산업혁명이 야기한 상품화된 인간의 노동이 처하게 될 수밖에 없을 상황을 예측해 본 것이다. 이러한 위험의 가능성을 우리가 전혀 배제할 수 없다면, 그 위험을 극복할 진정한 대안은 기존의 관점과 가치를 전환하는 것에서 마련되어야 한다. 그래서 이 글을 끝맺기 전에 기술적 문제에 파묻혀 어느 정도는 잊힌 문제를 하나 꺼내보고자 한다.

산업혁명은 인간의 노동을 상품으로 전환시켰다. 신체와 노동력의 물리적 분리불가능성에 기인하여 이 상품화는 인간을 시장에 투입시켰으며, 노동이라는 인간의 활동을 생산성과 효율성이라는 재판정 앞에 세워두었다. 이로써 인간의 활동은 상품화를 통해서 진입할 수 있는 시장 내에서만 가능한 것이 되었으며, 한편으로 인간과 기계가 그리고 다른 한 편으로는 인간과 인간이 경쟁하는 시스템이 구축되었다. 인간과 기계의 경쟁과 대결이 인간과 기계의 협력이라는 가치를 상실시켰다면, 인간과 인간의 경쟁과 대결은 인간과 인간의 협력이라는 가치를 상실시켰다. 전자의 상실에서 인간 대체의 문제가 발생되었다면, 후자의 상실에서는 공동체의 의미와 가치의 파괴라는 문제가 발생되었다. 그간 인간 활동의 근간이던 공동체는 시장으로 옮겨 갔으며, 상품화 과정에서의 인간과 인간의 경쟁과 대결은 공동체의 근간이었던 협력의 가치를 상실케 한 것이었다.[34]

공동체의 약화 및 장기적인 붕괴의 과정은 한 편으로 경쟁과 대결을 가속화시켰으며, 다른 한 편으로는 인간 활동의 다양성이 근본적으로 상실되는 결과 역시 초래하였다. 인간은 공동체 속에서 단지 생존만을 위한 활동을 하는 것이 아니었다. 인간은 공동체 속에서 생존을 위한 다양한 활동들뿐만 아니라, 관습과 도덕 등의 제도(制度) 및 상징물과 같은 인공물들을 만드는 활동도 하였다.[35] 이러한 인간의 일들은 인간 간의 협력을 통해 만들어졌으며, 다양한 형태의 보상을 통해 인간은 자신의 삶을 영위해 나갈 수 있었다.

산업혁명은 이러한 인간 일의 방식을 전적으로 변경시켰다. 이제 인간의 일은 만드는 것이 아니라 제공되는 것이 되었다. 그 제공은 이원적 방향에서, 그 하나는 국가(公)에 의해서, 다른 하나는 기업(私)에 의해서 이루어졌다. 공동체의 붕괴와 인간 일에 대한 공과 사의 이분법 속에서 인간 일의 다양성은 유지될 수 없었다. 이 인간의 일이란 그저 직업적 다수성을 의미하지 않는다. 상품화된 노동 역시 다양한 직업들을 만들어 내었다. 하지만 이 노동들은 상품으로 판매된 것이

34) 이 과정에서 인간은 개인의 합리적 계획에 따른 행동하는 자로서 그저 경제적 이득만을 추구하는 존재로서 규정되기 시작하였다. 인간은 서로 협력하는 존재, 즉 협력적 존재(homo reciprocans)가 아닌 소위 '경제적 인간(homo economicus)'으로 규정되었다. 그리고 이것은 현재 주류의 경제학에서 바라보는 인간관이기도 하다.

35) 한나 아렌트는 이러한 의미에서 노동(Arbeit)과 일(Werk)을 구분하기도 한다.

기 때문에, 그 노동의 결과들은 원칙적으로 원래 그 노동력을 담지하고 있던 인간과는 전적으로 무관한 것이 되어야 한다. 이것은 노동을 통해 문화를 형성하였던 인간의 활동과는 전혀 다른 것이다.[36]

일방적으로 제공되는 노동은 근본적으로 위태롭다. 특히 산업혁명이 촉발한 새로운 경제체계의 생산성의 관점에서 그러하다. 제공되는 노동이 비용으로 간주될 때, 그 노동은 보다 높은 효율성 앞에서 언제든 대체될 운명을 갖는다. 이 같은 수동적 노동으로 인간의 일이 이해된다면, 인간은 결코 자유로울 수 없다. 이 노동은 인간의 활동을 표현하기에 너무도 좁은 개념이다.[37]

새로운 기술시대의 흐름 역시 그 이전의 흐름들이 갖고 있던 방향에서 벗어날 것으로는 보이지 않는다. 그래서 우리가 해야 할 것은 이러한 흐름의 속도를 줄여보려는 것이 아니라 그 흐름으로 진행되더라도 인간의 자유로운 활동이 가능할 수 있는 조건을 다각적으로 모색하는 것이다. 아마도 공동체의 회복은 이 같은 모색들의 지향점이 될 수 있을 것이다. 다양한 인간 활동의 토대가 바로 공동체이기 때문이다. 그렇지만 공동체는 인위적으로 조직해 낼 수 있는 그러한

36) 문화(culture)는 땅을 일구고 경작한다는 말(cultivate)와 같은 어원을 갖는다. 이것은 생존을 위해 땅을 일구고 경작하는 노동이 자기 자신으로 귀속되어 자신을 이해하고 파악하는 계기가 된다는 것을 의미한다.

37) 자식의 양육이 고통이서는 안 되는 것이듯, 우리의 노동 역시 그 말의 어원처럼 고통과 고문을 의미하는 것이어서는 안 된다. 한나 아렌트의 노동과 일의 구분은 매우 훌륭한 이념적 구분이지만, 생계를 꾸리는 것과 우리의 삶을 영위하는 것은 더 이상 별개의 것일 수 없고, 더욱이 별개의 것이어서도 안 될 것이다. 다만 우리가 그간 사용해 온 노동의 의미만으로는 이 같은 변화와 차이를 충분하게 표현할 수 없으며, 따라서 본 글에서는 노동이라는 표현 대신 '일'이라는 표현을 사용하고자 한다. 이 일은 한나 아렌트의 구분에 기초한 것이기는 하지만, 그녀의 구분처럼 노동과 일을 엄격하게 다른 것으로 이해하고자 하는 것은 아니다. 이 '일'은 생계와 삶의 영위를 구별하는 개념이 결코 아니다.

것이 아니다. 공동체란 결코 인위적 집합체를 의미하지 않는다. 그러하기에 공동체의 회복은 그와는 다른 방식으로 이루어져야 한다. 그 회복의 첫 걸음은 인간 일의 다양성에 대한 이해를 막고 있는 이분법에서의 탈피가 될 것이다. 우리는 그 양 극단에 자리한 공과 사를 부정할 수 없겠지만, 그 둘만이 우리의 유일한 선택지라는 전제는 부정할 수 있다. 만일 이와 같은 공과 사의 이분법에서 벗어난다면, 우리는 제3의 영역으로 공공(公共)이라는 또 다른 가능성과 조우할 수 있을 것이다.[38] 개인의 고립성에서 벗어나 서로의 협력 속에서 새로운 활동의 가능성들을 늘 모색하고, 이를 기초로 새로운 일들을 창출해 나가는 공간[39]을 만들어가면서, 인간 일의 다양성과 공공성의 확립할 수 있을 것이다. 이를 통해 우리는 공동체의 회복에 한 발 다가면서 진정한 의미의 지속가능한 인간 일의 미래를 구상하고 구축해 나갈 수 있을 것이다.

38) 우리가 흔히 공공부문이라고 부르는 것은 사실 공적 영역일 뿐이다. 공공은 흔히 국가의 계획에 대해 사기업이 참여해 벌이는 사업들의 명칭에 붙어 사용되지만, 엄밀한 의미에서 이것은 공적 영역에서 발주되어 벌어지는 것일 뿐, 시민의 주체적이고 자발적인 참여와 활동을 보장할 수는 없다. 이러한 의미에서 이 '공공영역'은 제러미 리프킨의 제3부문과도 다른 개념이다. 공공영역의 일은 결코 제공되는 것이 아니라 협력에 의해 창안되고 공유되는 것이며, 결코 타인에게 귀속되기 위한 활동이 아니다.

39) 협동조합이나 마을기업, 팹랩(Fablab) 등과 같은 사회적 공간을 떠올려 볼 수도 있을 것이다. 이러한 모든 시도들의 의미는 결코 폄훼될 수 없으며, 그 방향은 지속적으로 유지되어야 한다. 하지만 이러한 공간이 완성된 형태의 공공공간이 되기 위해서는 이와 같은 협력적 일을 통해 그들의 삶을 영위할 수 있는 소득이 발생할 수 있어야 한다. 앞서 인간의 '일'에 대해 언급했던 것처럼, 생계의 유지와 인간 삶의 영위가 별개의 것이 되어서는 안 되며, 따라서 이 둘이 함께 이루어질 수 있는 이 같은 공공적 영역의 구축을 위해서는 기존의 임금과 같은 산업시스템에서와는 다른 그들의 일에 대해 보상이 이루어지는 새로운 보상시스템의 고안이 필요하다.

참고문헌

닐 포스트먼, 『테크노폴리』, 김균 옮김, 궁리, 2005.

스티브 존스, 『원더랜드』, 홍지수 옮김, 프런티어, 2017.

에릭 브린욜프슨·앤드루 맥아피, 『제2의 기계시대』, 이한음 옮김, 청림출판, 2014.

연합뉴스TV 특별대담 <AI시대와 한국경제>, 2017.11.27.
http://www.yonhapnewstv.co.kr/MYH20171126003100038/?did=1947m(2017.11.26.)

이종관, 『포스트휴먼이 온다』, 사월의 책, 2017.

송성수, 「역사에서 배우는 산업혁명론: 제4차 산업혁명과 관련하여」, 『STEPI Insight』 Vol. 207, 2017.02, 26쪽 참조.
<http://blog.naver.com/siwon_pro/220976864221(2017.12.28.)>)

G.D.H 콜, 『로버트오』, 홍기빈 옮김, 칼폴라니경제사회연구소, 2017.

제러미 리프킨, 『세3차 산업혁명』, 안진환 옮김, 민음사, 2012.

칼 폴라니, 『거대한 전환』, 홍기빈 옮김, 길, 2009

차두원 외, 『4차 산업혁명과 빅뱅파괴의 시대』, 한스미디어, 2017

한나 아렌트, 『인간의 조건』, 이진우 옮김, 한길사, 2017,

Executive Office of the President National Science and Technology Council Committee on Technology, *Preparing for the future of Artificial Intelligence,* 2016.

Executive Office of the President, *Artificial Intelligence, Automation, and Economy,* December, 2016.

Garry Kasparov, "The Chess Master and the Computer," *New York Review of Books,* February 11, 2010.
http://www.nybooks.com/articles/2010/02/11/the-chess-master-and-the-computer

Ray Kurzweil, "Don't fear artificial intelligence," *Time*, December 19, 2014.
http://time.com/3641921/dont-fear-artificial-intelligence/

필진소개

이건명

KAIST에서 인공지능 분야로 박사학위를 취득했고, 현재 충북대학교 소프트웨어학과 교수로 재직 중이다. 딥러닝 등의 기계학습과 데이터 마이닝에 대한 연구를 하고 있다.

박승억

성균관대학교 철학과에서 현상학과 학문이론에 관한 연구로 박사학위를 받았다. 현재 숙명여자대학교 기초교양대학 교수로 재직 중이다. 철학연구회 논문상, 한국연구재단의 창의연구 논문상 등을 수상하였다.

박중목

독일 하이델베르크대학교에서 철학박사학위를 취득했고, 2017년 명지대학교에서 정년퇴임한 후 현재 명지대에서 강의를 하고 있다. 칸트철학을 중심으로 형이상학과 인식론을 연구하고 있다.

김연순

독일 베를린 자유대학에서 독문학 전공으로 박사학위를 취득했고, 현재 성균관대학교 독어독문학과 초빙교수로 재직 중이다. 인간과 기계문명 및 융합학 관련 연구 중이다.

안상원

성균관대학교에서 릴케 시 연구로 박사학위를 취득했고, 현재 성균관대학교 독어독문학과 초빙교수로 재직 중이다. 신화, 문화콘텐츠, 미학을 강의하고 있다.

양인정

이화여자대학교 성악과를 졸업하고, 독일 쾰른대학에서 음악학으로 학·석사 학위를 받았고, 독일 베를린자유대학에서 비교음악학(음악인류학)으로 박사학위를 취득했다. 현재 성신여자대학교 교양교육대학에서 시간강사로 재직 중이다. 악기의 주술성에 대해 연구하고 있다.

박치완

프랑스 부르곤뉴대학교 철학과에서 박사학위를 취득했고, 현재 한국외국어대학교 철학과 및 대학원 글로벌문화콘텐츠학과 교수로 재직 중이다. 최근 현대의 철학과 문화 연구 분야의 토픽들을 주로 연구하고 있다.

황혜영

프랑스 파리8대학교(프랑스현대소설)에서 박사학위를 취득했고, 현재 서원대학교 교양대학에 재직 중이다. 프랑스문학과 예술, 통합인문학과 사고와 표현을 연구하고 있다.

김종규

성균관대학교 철학과에서 박사학위를 취득했고, 현재 성균관대학교 학부대학에서 초빙교수로 재직 중이다. 현대 기술 문화 현상을 연구하고 있다.

인공지능 시대의 인문학

초판 1쇄 발행 _ 2018년 2월 20일

저 자 • 이건명 외 8명
발 행 인 • 성 현 길
발 행 • 신 아 사
인 쇄 • 토탈프로세스
출판등록 • 1956년 1월 5일 (제9-52호)

주 소 • 서울시 은평구 통일로 59길 4(2층)
전 화 • 02)382-6411 · 팩스 02)382-6401
홈페이지 • www.shinasa.co.kr
E-MAIL • shinasa@daum.net

ISBN 978-89-8396-276-8(03300)

정가 15,000원

본 도서는 2017년도 충북대학교 대학인문역량강화(CORE)사업의 지원을 받아 출판되었음